# 환자란 무엇인가

# 환자란 무엇인가

iMH 경희대학교 인문학연구원
HK+통합의료인문학연구단
통합의료인문학 교양총서04

공혜정 박성호 양영순 이은영 이향아 정세권 지음

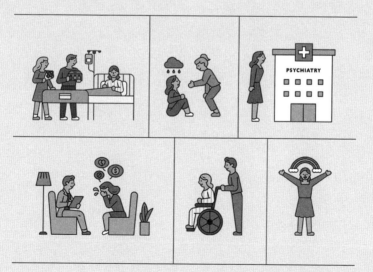

경희대학교 HK+통합의료인문학연구단은 '인문학이 주도하는 의료인문학'이라는 기치 하에 4차 산업혁명 시대의 인간 가치를 재조명하는 데 목표를 두고 지난 2019년부터 의료인문학과 관련된 다양한 분야에서 활동을 펼쳐오고 있습니다. 분과학문의 경계에 함몰되지 않고 인간의 생애주기인 생로병사(生老病死)를 중심으로 한 주제별 연구팀을 수립하여 각 팀의 연구 과제에 부합되는 학제간 성과를 축적해 왔습니다.

주제별 연구 병(病) 팀은 코로나19 팬데믹이라는 초유의 사태에 대응하여 작년에는 감염병이라는 주제에 집중하여 다수의 성과를 발표했습니다. 그중 학술총서『감염병을 바라보는 의료인문학의 시선』과 교양총서『감염병의 장면들』은 연구단 내에서의 노력은 물론 외부의 연구 성과까지도 적극적으로 수용하여 신종감염병 시대에 대응하는 의료인문학의 성과와 전망을 확인하고자 했습니다.

그러한 노력에 이어서 올해에는 '환자'라는 새로운 주제에 주목하고자합니다. 그간 의료가 주목해 온 것은 병의 원인을 파악하고 이를 구축함으로써 인간을 질병으로부터 해방시키는 것이었고, 이러한 시도는 지난 한

세기 동안 눈부신 발전을 이룩해 왔습니다. 하지만 질병을 일으키는 병원체 혹은 질병 그 자체에 주목한 결과 의료의 궁극적인 목적이 되어야 할 환자는 역설적이게도 의료의 대상 내지는 객체로 소외되어 왔다는 사실 또한 부인하기 어렵습니다. 의료의 중심은 어디까지나 환자이고, 그러한 환자를 하나의 인간으로서 이해하고자 하는 인문학의 접근법은 의료인문학이 추구해 온 핵심이기도 합니다.

교양총서 『환자란 무엇인가』는 이러한 기획으로 구성되었습니다. 이 책은 크게 2부로 구성됩니다. 1부 「환자를 바라보는 시선」은 의료가 환자를 어떻게 규정하고 파악하며, 나아가서는 사회 일반이 환자를 어떻게 인식하고 바라보는가의 문제를 다룹니다. 2부 「환자에 대처하는 우리의 자세」에서는 1부에서 다룬 진단 기준과 인식의 변화가 환자를 치료하는 기술의 발전과 더불어 이들을 대우하는 방식에서 어떤 차이를 불러일으키는가를 중심으로 살펴보고자 하였습니다. 이러한 구성 하에서 종교철학, 사회학, 문학, 역사학 등의 다양한 관점을 바탕으로 환자에 대해 폭넓게 살펴보고자 한 것이 『환자란 무엇인가』의 궁극적인 목표입니다.

『환자란 무엇인가』를 통하여 인간 중심의 의료를 위한 기반을 제공한다는 의료인문학의 정신을 되새기고, 나아가서는 인문학이 주도하는 의료인문학을 구축하고자 하는 본 연구단의 최종적인 목표에 한 발자국 더 접근하는 계기를 마련할 수 있게 되기를 바랍니다.

　이 책을 완성하기 위해 힘써 주신 필자 여러분과 도서출판 〈모시는사람들〉에 다시 한번 감사의 인사를 전합니다.


경희대학교 인문학연구원 HK+통합의료인문학연구단

# 1부
# 환자를 바라보는 시선

# 환자는 나의 스승이다
### ─불교가 들려주는 돌봄 이야기

이은영
(경희대학교 인문학연구원 HK연구교수)

붓다는 불교의 승려와 재가자라면 누구나 공경하여 따르는 가장 큰 스승이다. 반면에 환자는 심신이 취약해져 때로는 자신의 힘으로 거동하는 것도 어렵고 대소변조차도 다른 사람의 도움을 받아야 하는 사람이다. 그러나 수행의 길을 걷는 불교의 승려와 재가자에게 과연 붓다만이 열반의 길로 인도하는 스승일까? …… 많은 사람이 우러러보는 붓다를 공경하고 시중드는 것은 그리 어려운 일이 아니다. 그러나 아파서 움직일 기운도 없는 환자의 구토와 대소변을 싫은 마음 없이 치우고 한밤중에도 깨어나 환자의 땀을 닦고 통증을 덜어주려 애쓰는 것은 어려운 일이다. …… 환자는 나를 성장시키는 스승이다. 자비의 마음과 행동을 닦도록 나를 단련시키는 스승이다.

## 〈아제아제바라아제〉의 순녀 이야기

섬에 콜레라가 퍼졌을 때 다른 사람들은 환자의 토사물, 배설물에 비위가 상하고 역겨워했다. 병이 옮을까 두려워 환자를 접하거나 돌보는 것을 꺼리기도 했다. 그러나 간호사 순녀는 마치 더러움과 역겨움을 못 느끼는 사람처럼 아무런 동요 없이, 쉼 없이 온갖 오물을 치우고 정성껏 간호했다. 남편인 송기사가 일이 고되어서 거짓말로 차가 고장났다고 한 사실을 알자마자 남편의 뺨을 때리며 화를 낼 정도로 순녀는 사람들을 간호하고 그들의 고통을 없애주는 데 진심이다. 하지만 순녀도 원래부터 이랬던 것은 아니다.

한승원의 동명 소설을 영화화한 임권택 감독의 1989년작 〈아제아제바라아제〉의 주인공 순녀는 간호전문대학을 다니던 시절 보따리를 싸들고 절에 갔다. 이런저런 세속의 삶에 환멸을 느껴 오다가 출가하기 위해서였다. 행자 시절, 화장실을 청소하러 들어간 순녀는 대소변과 오물에 역겨워

구역질이 올라왔다.* 구역질을 겨우 참고 뒷간에 가래침을 "퉤" 하고 뱉는데, 옆 칸에서 비구니 노스님의 호통이 들려왔다.

어디다 침을 뱉어? 네년 속에는 정랑(淨廊: 화장실) 속보다도 더 구리고 흉측한 게 들어있다는 것을 알아야 해. 이곳에는 너보다 깨끗한 중생이 살고 있어. 에이…. 쾌씸한 것!

노스님의 호통에 순녀는 멈칫했다. 그것이 각성의 계기가 되었던 것일까? 우여곡절 끝에 결국 승려로서의 삶을 살지 못하고 환속한 순녀는 훗날 배설물과 오물을 전혀 개의치 않고 환자를 정성껏 돌보게 되었던 것이다. 마치 더러움과 깨끗함의 차이를 아예 모르는 듯이.

## 율장 『대품(Mahāvagga)』의 고따마 붓다 이야기

환속하기 전 순녀의 법명은 청화였다. 순녀는 오랜 옛날 고따마 붓다가 걸었던 수행의 길을 따라 걸으려 했다. 어떠한 번민과 고통도 없이 자유로

---

\* 한승원의 소설 『아제아제바라아제』와 임권택의 동명 영화는 후자가 전자를 원작으로 하긴 하지만, 내용에 다소 차이가 있다. 화장실 청소 장면도 소설에서는 순녀가 아니라 다른 승려(진성)의 행자 시절 경험이었지만 영화에서는 순녀의 경험으로 그려졌다.

운 열반으로 향하는 길이었다. 순녀에게 고따마 붓다는 먼저 길을 걸어 목적지에 도착한 후 후학들에게 길을 알려준 스승이다. 또한 붓다는 뛰어난 간병인이기도 했다. 팔리어 불교 율장 비나야삐따까(Vinaya Piṭaka)의 『대품(Mahāvagga)』 「의건도(Cīvarakkhandhaka)」에는 붓다의 간병 장면이 묘사되어 있다.

어느 날 아난다와 함께 승원을 둘러보던 붓다는 한 승려가 똥오줌이 잔뜩 묻은 채로 방치되어 있는 것을 보았다. 그 승려는 설사병에 걸려 거동도 할 수 없는 상태였고 자신이 배설한 오물에 파묻혀 있었다.

(붓다) "수행승이여, 그대는 무슨 병에 걸린 것인가?"

(병든 승려) "붓다여, 저는 설사병에 걸렸습니다."

(붓다) "그대에게는 간병인이 있는가?"

(병든 승려) "없습니다."

(붓다) "왜 다른 수행승들이 그대를 간병하지 않는가?"

(병든 승려) "저도 그들에게 해준 것이 없습니다. 그래서 그들도 저를 간병하지 않습니다."

붓다는 아난다를 돌아보았다.

(붓다) "아난다야, 가서 물을 떠오려무나. 우리가 이 수행승을 씻겨 주자."

(아난다) "붓다여, 알겠습니다."

아난다가 물을 떠왔다. 붓다는 병든 승려에게 물을 끼얹었다. 아난다는 승려의 몸을 깨끗이 씻겼다. 붓다는 머리를 잡고 아난다는 발을 잡아 병든

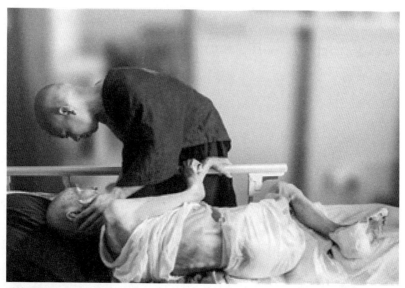

병자를 돌보는 승려
(출처: https://pxhere.com/en/photo/1028564)

승려를 침상에 눕혔다.

불교 승단의 가장 높은 어른인 고따마 붓다는 이렇게 아무도 돌보아주
지 않아 자신의 똥오줌에 뒤범벅된 채로 방치된 병든 승려를 손수 씻기고
돌보았다. 그러면서 붓다는 승려들을 모아 당부한다.

그대들에게는 간병해 줄 어머니도 아버지도 없다. 서로 간병하지 않는다
면 여기서 누가 그대들을 간병해 주겠는가? 수행승들이여, 나를 시봉하려
거든 환자를 간병하라.

이어서 붓다는 좋은 간병인의 요건 다섯 가지를 말했다. 첫째, 좋은 간
병인은 약을 만드는 데 능숙해야 한다. 둘째, 환자에게 무엇이 도움이 되며
도움이 되지 않는지를 알아 전자를 주고 후자를 제거해야 한다. 셋째, 자애
로운 마음으로 환자를 돌보아야 하지, 탐욕 때문에 돌보아서는 안 된다. 넷
째, 환자의 대소변이나 가래, 구토물을 싫어하지 않아야 한다. 다섯째, 때
때로 환자에게 불교의 가르침을 들려주어 교화하고, 환자를 격려하고 환
자의 기운을 북돋아 기쁘게 해주는 능력이 있어야 한다.

고따마 붓다 스스로 간병의 모범을 보인 후 환자를 자애롭게 대하고 그
들의 심신 모두를 살피며 정성껏 간병하는 것은 붓다를 따르고 공경하는
이들이라면 해야 할 일, 불교의 승려거나 불교도라면 외면하지 말아야 할
일이 되었다. 대승불교에서는 자비가 더욱 강조되면서 출가 승려와 재가

신도를 막론하고 간병의 중요성이 부각되었다. 남자 재가 신도인 우바새(優婆塞, upāsaka)가 지켜야 할 계율을 담은 『우바새계경(優婆塞戒經)』에서는 다음과 같이 말한다.

> 질병으로 고통받는 사람을 간병하되, 싫어하는 마음을 내지 말고, 환자의 욕설과 비방, 모욕도 참고, 고통이 몸과 마음에 가해진다 해도 견디어 참으라.
>
> 瞻養病苦不生厭心, 能忍惡口誹謗罵辱, 苦加身心亦當堪忍.

이처럼 불교의 문헌들에 나타나는 간병의 지침은 환자의 배설물과 구토물 등의 오물을 단지 치우는 정도가 아니라 그것이 더럽다거나 싫다는 마음조차도 내지 말라는 것이다. 환자가 비방하고 욕한다 하더라도 참아야 하며, 간병으로 심신이 고달프다 해도 견디어내라고 한다.


## 『사랑』의 순옥 이야기

이광수의 소설 『사랑』에는 불교도인 의사 안빈과 그에게 감화되어 간호사의 길을 걷는 순옥이 등장한다. 안빈은 아내인 옥남과 대화하는 과정에서 붓다의 가르침이라며 간병의 중요성을 말한다.

"석가여래의 말씀에 이런 말씀이 있어. 병을 고치는 데 세 가지 요긴한 것이 있느니라고. 첫째는 마음 가지기. 둘째는 병구원. 그리고 셋째가 의약이라고. 과연 옳은 말씀이야. 일섭심(一攝心), 이간병(二看病), 삼의약(三醫藥)"

이어서 안빈은 환자가 마음을 고요히 가지는 것이 가장 중요하지만, 곁에서 잘 간호해주는 이가 있는 것도 중요하다고, 환자의 병을 낫게 하는 데는 의사보다도 간호사의 역할이 더 크다고 말한다. 좋은 병원은 좋은 간호사가 있는 병원이다. 그렇다면 좋은 간호사란 어떠해야 하는가? 간호사에게 가장 중요한 것은 친절이라는 옥남의 말에 안빈은 이렇게 답한다.

친절이란 그렇게 중요한 것이 아니야. 겉으로 친절하지 아니한 간호부가 어디 있나? 속으로 병자를 사랑해야 돼요. 속으로 진정으로 말야. 그렇게 사랑하는 마음이 아니 생기고야 정말 친절이 나오나, 정성은 나오고? 병자란 의사와 간호부에 대해서는 대단히 예민하단 말야. 저 의사가 내게 정성이 있나 없나, 저 간호부가 정말 나를 위해 주나 아니하나, 그것만 생각하거든. 그래서 의사나 간호부가 지성으로 하는 것인지 건성으로 하는 것인지 병자들은 빤히 알고 있어요, 왜 어린애들이 그렇지 않은가. 아무 말 아니하더라도 어른이 저를 귀애하는지 미워하는지 다 알지 않소? …중략… 병자도 마찬가지야. 저 의사가 나를 위하는지 저 간호부가 건성 예로 저러는지, 다 알아가지고는 만일 저를 위하지 않는 줄만 알면 마음이 괴로워지거든, 하루 종일. 이것이 병의 큰 해란 말야, 불쾌하고, 괴롭고 한 것이. 그러면 신경이 흥분하고, 잠이 안 오고, 입맛이 없고, 소화도 잘 안 되고, 또 내리기도 잘하고 그렇거든. 그래 회진을 해 보면, 병자들이 어떠한 마음으로 있는지 대개 알아.

안빈이 묘사하는 좋은 간호사의 실례가 바로 순옥이다. 소설에서 안빈의 아내 옥남은 순옥의 지극한 간병으로 병이 호전되다가 결국 유행성 감기에 걸린 후 병이 악화되어 목숨을 잃고 만다. 그러나 투병의 과정에서, 심지어 죽어 가는 과정에서도 옥남은 마음의 평안을 유지할 수 있었다. 순옥이 환자인 자신을 진심과 정성을 다하여 돌보아주었기 때문이다. 매일 새벽 한결같이 자신을 돌보아주는 순옥의 간병에 옥남은 큰 감동을 받고 아래와 같이 말한다.

첫날, 둘쨋날, 셋쨋날, 나는 얼마나 순옥이를 껴안고 울고 싶었을까? 그때 순옥이는 천사와 같이 환히 빛이 났어. 순옥이 몸에서는 사람의 몸에서는 맡을 수 없는 향기가 나고, 그리고 그 손의 보드라움, 따뜻함! 순옥이, 이것으로 나는 순옥의 참 모양을 보았어. 순옥이는 화식 먹는 사람이 아니라고, 천사라고. 관세음보살님이시라고. 밤중마다 그렇게 앓는 나를 염려하고 그렇게도 자비스럽게 도한 흘리는 내 몸을 아껴서 땀을 씻어주는 것이, 이것이 어머니가 자식에겐들 이루 할 일이야? …중략… 이렇게 해서 나는 순옥의 참모양을 보고 참사랑이란 무엇인가를 배웠어. 그때에 벌써 내가 뛰어 일어나서, 내 이마와 등의 땀을 식혀주는 순옥의 발 앞에 엎드려 울기라도 할 것이지마는, 나는 그러는 것이 도리어 순옥의 거룩한 일을 깨뜨리고 더럽히는 것만 같아서 모르는 체하고 있었어요. 그러나 순옥이가 잠이 든 뒤에 나는 순옥을 향하여 합장하고 울었어요.

아파서 취약해진 옥남에게 자신의 건강을 염려하여 매일같이 밤이나 새벽이나 가리지 않고 곁으로 와 땀을 닦아주고 어루만져 주는 순옥의 손길은 천사나 관세음보살의 손길이었다. 자기 자식이라도 그러한 정성스런 돌봄은 힘에 부칠 것이다. 그러니 자기 자식도 아닌 타인을 그처럼 자비롭게 돌보는 순옥은 인간의 경지를 뛰어넘은 보살이 아니겠는가. 옥남은 감격해서 보살과 같은 순옥을 향해 합장한 것이다.

## 『박명』의 순영 이야기

이광수와 비슷한 시기에 한용운도 그의 소설 『박명(薄命)』에서 불교적 돌봄을 그려냈다. 주인공 순영은 계모의 구박을 받으며 살다가 친구의 꼬임에 상경했다. 그러나 친구는 순영을 색주가에 팔아 버린다. 순영은 물에 빠진 자신의 생명을 구해준 대철에게 보은(報恩)의 마음을 가지고 그와 결혼도 하지만 대철은 순영에게 끝없이 시련만 준다. 결국 이혼하고 그들 사이의 아이도 죽었다. 그런 순영 앞에 병에 걸리고 마약중독자가 된 대철이 다시 나타난다. 순영은 대철과 이혼한 상태이고 그로 인해 겪은 고통이 많았음에도 불구하고 여전히 대철에게 보은의 마음을 가지고 또한 질병과 마약 중독으로 피폐해진 그를 가엾게 여긴다.

사람으로서 맛보기 어려운 세상의 쓴맛을 골고루 맛보아서, 모든 일에 괴롭고 싫증이 난 적이 적은 바 아니었으나, 어쩐지 천지간에 의지할 곳이 없이 죽어가는 대철을 자기의 목숨이 떨어지는 날까지 구원하여 주겠다는 한 줄기의 동정은 돌보다도 굳고 동아줄보다도 길었다.

대철을 돌보느라 순영은 살던 집에서도 쫓겨나는 지경에 이르렀다. 남의 집 행랑방에 살다가 대철이 아편쟁이라는 이유로 쫓겨나기를 반복했다. 이후로 토막에서 살았으나 땅주인이 그것을 헐어 버렸다. 결국 순영은 대철과 사직공원에 머물며 구걸로 사는 신세, 그야말로 거지 신세가 되었다. 전남편을 돌보느라 자신이 가진 모든 것을 내어놓고 밑바닥 거지의 삶을 산다.

순영은 한 어깨에는 자리를 메고 한 손에는 바가지를 들고 만호 장안에 닥치는 대로 다니면서, 밥이나 쌀이나 돈이나 되는 대로 얻어다가 두 입에 풀칠도 하고 옷가지도 해 입고, 대철의 주사약을 대고도 남은 것이 있으면 대철의 군것질까지도 시켜 주는 것이었다. 그리고 밤이 되면 대철의 곁에 누워 자면서 만사가 자유롭지 못한 대철의 시중을 하나에서 열까지 받아 주는 것이다.

《박명》의 삽화(《조선일보》, 1939.2.7)

거지로 구걸하며 마약중독 남편을 돌보는 순영의 모습을 보고 사람들
은 수군댔다. '아편쟁이 계집', '밤낮 얻으러 다니는 거지'라는 말이 순영의
귀에도 들려오곤 했다. 그래도 '병든 남편을 위하여 저렇게 고생을 하니 가
엾은 일'이라며 따뜻하게 밥이나 반찬을 주는 이들, 동정하여 도와주는 이
들도 제법 있었다. 그러나 신여성들의 눈에 순영은 죽이고 싶은 존재, 여성
운동을 방해하는 봉건적인 '열녀'에 불과했다. 이른바 신여성들이 순영을
비난하는 말을 들어보자.

구도덕으로는 여자는 남자에게 복종만 하는 것이요, 손톱만한 권리도 없
거든. 개성을 말살하고 남편만을 위하는 것은 현모양처라 하고, 남편을 위

하여 수절을 한다든지 죽기라도 하는 것을 열녀라고 하는 것이 아니오? 그 렇게 되면 여자라는 것은 남자를 위해서 생긴 한 물건에 지나지 못하는 것이 요, 인격을 가지는 것은 아니거든. 그러한 구도덕을 파괴하고 정당한 신도 덕을 건설하기 위하여 우리가 여성 운동을 하는 것이 아니냔 말이지. 그런 데, 저러한 썩은 물건들이 구도덕의 노예가 되어 가지고 저의 개성은 한 푼 어치도 없이 다 죽어가는 아편쟁이를 쫓아다니면서 가장 열녀인 체하고서 저 지경을 하니, 조선의 여성 운동이 될 수 있겠느냐 말이오. 그런데 썩은 사 내 녀석들은 그것이 좋다고 찬성을 하면서 돈까지 거둬서 도와주니 기가 막 힐 일이 아니오? 우리는 성미가 편벽되다고 할까 철저하다고 할까, 우리 운 동에 방해물이 되는 저 따위 인간을 보면 곧 죽이고 싶어서 못 견디겠어.

일견 순영은 가부장적이고 봉건적인 질서에 순응하는 여성으로 보일 수 있으며, 이러한 이유로 이른바 신여성들에게 순영은 여성 해방이나 여 권 확장을 방해하는 구시대적 인물로 보일 뿐이다. 그러나 한용운은 소설 속 덕암스님의 설법을 통해 순영을 변론한다.

세상 사람들은 선행(善行: 순영의 법명)수좌의 행한 일이 어째서 위대한 줄을 모를 것이다. 세상 사람들은 선행수좌가 사람 같지 않은 남편을 위하였다든 지, 못난이 아편쟁이를 위하여 일생을 희생하였다고 도리어 선행수좌를 웃 고 비평할는지는 모르는 일이다. 그러나 그것은 결단코 그렇지 아니하다. 선행수좌가 김대철에게 행한 일은 순전히 아내로서 남편을 위한 것이라든지, 판단이 부족하고 못 생겨서 무의식적으로 복종을 하였다든지 그러한 것은 아니다. 선행수좌는 사람에게 가장 아름다운 순진한 보은의 관념과 불행한 사람을 불쌍히 여기는 아름다운 덕으로써 자기도 모르게 행한 것이다.

보은과 자비는 대상의 높고 낮음을 저울질하지 않는다. 그 대상의 인격이 훌륭한지 아닌지 여부를 묻지 않고, 그가 세상의 지탄을 받을 만한 행동을 한 자라거나 마약중독자인지 여부를 묻지 않는다. 오히려 바로 그러한 대상에게도 마치 붓다를 모시듯 온 정성을 다하여 돌보는 것이야말로 어려운 것이다.


## 환자는 나의 스승이다

〈아제아제바라아제〉는 순녀(청화스님) 외에 다른 비구니 스님(진성스님)도 비중 있게 그리며 불교의 고전적인 질문을 던진다. 불교, 특히 대승불교를 따르는 수행자들이 지향해야 하는 것은 열반인가, 자비인가. 불교의 승려라면 파계의 위험과 구설수를 무릅쓰고 자비심으로 고통과 위험에 처한 타인을 구해야 할까? 혹은 무소의 뿔처럼 혼자서 가려고 가족마저도 버린 승려라면 속세의 일에 냉정하게 눈감고 오직 열반만을 구해야 할까?

속세와 엄격한 선을 그으며 출세간에서 열반을 구하는 진성스님, 그리고 타인에 대한 안타까움으로 마음이 움직이는 순녀는 이 문제 앞에서 스스로, 그리고 타인과 갈등한다. 타인을 구제해 주고 싶은 따뜻한 마음은 그 선의에도 불구하고 때로 수행을 방해하고 주변의 비난을 받게 만드는 '마(魔)'가 되어 돌아오는 게 사실이다. 순녀의 경우가 그랬다. 비구니 시절, 자비심으로 자살하려는 박현우를 살리고 그의 회복을 염려한 순녀는 결국 구설수에 올라 절에서 쫓겨나게 되었다. 목숨을 살려준 현우가 자신을 계속 구제해 달라며 절까지 쫓아와 매달렸던 것이다.

박현우를 원망하며 그를 따라 나서긴 했지만 순녀는 그에게 한 말, "두고 봐요. 사람 만들어놓고 말 테니까!"처럼 그를 구제하기 위해 최선을 다했다. 현우는 늘 죽음을 두려워해야 하는 탄광의 막장에서 일하면서도 순녀와의 새로운 삶을 행복해 했다. 그러나 세속의 달콤한 행복은 오래 가지 않았다. 현우는 막장이 무너져 숨졌고 순녀는 뱃속의 아이를 사산했다. 그 뒤로 순녀는 도움이 필요한 다른 남자를 만나 다시 그에게 온 정성을 다하며 살았지만 그 남자도 결국 죽는다. 순녀가 진성스님과 재회하던 날은 그렇게 사연 많은 속세의 삶을 살다가 비금도로 간호사 일을 하러 들어가던 길이었다.

순녀와 재회했을 때 진성은 만행 중이었다. 진성에게 속세의 삶, 속세의 사람들은 멀리해야 하는 곳, 행여라도 속세의 때가 자신에게 묻을까 두려워하며 피해야 하는 곳이다. 성(聖)과 속(俗)의 경계는 명확해서 성이 곧 속이고 속이 곧 성일 수 없다. 차안과 피안은 완전히 다른 곳이다. 진성이 걷는 길, 엄격하게 계율을 지키고 속세를 멀리하는 그 길도 편안한 길은 아니다. 진성이 걷는 길은 티끌 하나 있어서는 안 되는 길이며 진성이 걷는 발걸음에는 진흙 한 점 묻어나서는 안 되기 때문이다. 열반의 대자유를 위해 진성은 그렇게 티끌 하나 없는 깨끗한 길을 진흙 한 점 묻히지 않고 걸어간다. 그런 진성이 보기에 순녀는 파계한 비구니, 속세의 온갖 먼지를 뒤집어쓰고 미망에 사로잡혀 사는 인물이다. 그래서 진성은 순녀가 그들의 스승인 은선스님의 다비식이 끝난 후 유해를 뒤적거려 뼛조각을 골라내는 것을 이해하지 못하며 어리석은 미망일 뿐이라고 생각한다.

    (진성) "뭘 하시려고 그 허망한 것을 그렇게 간직하십니까?"
    (순녀) "이 뼈를 천 개의 조각으로 쪼개 가지고 여기 저기 떠돌다 머무는 곳에 이 뼈를 넣어 탑을 만들 겁니다. 이 세상 모든 사람들의 가슴 속에 밝은 빛이 되는 그런 탑을 꼭 천 개만 만들 것입니다."
    (진성) "슬픈 미망이군요."
    (순녀) "미망을 뒤집어쓰지 않고서 어떻게 미망 속에 갇힌 중생을 구할 수 있겠습니까?"

    영화는 "아제아제바라아제 바라승아제 모지사바하"를 읊조리는 음악을 배경으로 저잣거리에서 사람들 속을 헤집고 다니는 순녀의 모습으로 끝난다. 승복도 안 입고 긴 파마머리를 묶은 순녀는 여느 속세인과 구분이 안 되는 한 여자로 보일 뿐이다. 그러나 속세의 때 묻은 옷을 입고 속세인과 섞여 길을 걷는 순녀의 마음에는 속세인의 희로애락에 깊이 공감하면서 그들을 구제하겠다는 열망이 가득하다. 대승불교에서 이상으로 삼는 보살의 마음인 것이다. 단 한 사람일지라도, 그리고 세상 사람들이 무시하고 외면하는 사람일지라도 그녀는 자신이 만난 한 사람, 한 사람을 마치 붓다를 시봉하듯 돌보았고 그들을 행복하게 해 주려, 그들을 고통에서 구제해 주려 했다.

저 언덕, 저 열반의 피안으로 어떻게 갈 수 있을까? 타인 구제에 힘씀으로써 개인도 구원받을 수 있다고 영화 〈아제아제바라아제〉는 답한다. 내가 저 열반에 이르고 싶다는 생각조차도 잊을 정도로 '나'를 잊고 '남'을 구제할 때 비로소 열반의 피안으로 향하는 다리가 놓인다.

> 揭諦揭諦 波羅揭諦 波羅僧揭諦 菩提娑婆訶
> 아제아제 바라아제 바라승아제 모지사바하(보리사바하)
> gate gate pāragate pārasaṃgate bodhi svāhā
> 가자, 가자, 저편 언덕으로 가자, 저편 언덕으로 함께 가자, 깨달음의 성취로.
> - 『반야심경』

붓다는 불교의 승려와 재가자라면 누구나 공경하여 따르는 가장 큰 스승이다. 반면에 환자는 심신이 취약해져 때로는 자신의 힘으로 거동하는 것도 어렵고 대소변조차도 다른 사람의 도움을 받아야 하는 사람이다. 그러나 수행의 길을 걷는 불교의 승려와 재가자에게 과연 붓다만이 열반의 길로 인도하는 스승일까?

『잡보장경』에서는 "참을 수 없는 것을 참는 것이 참음이다(不可忍忍是名 忍)."라고 한다. 많은 사람이 우러러보는 붓다를 공경하고 시중드는 것은 그리 어려운 일이 아니다. 그러나 아파서 움직일 기운도 없는 환자의 구 토와 대소변을 싫은 마음 없이 치우고 한밤중에도 깨어나 환자의 땀을 닦 고 통증을 덜어주려 애쓰는 것은 어려운 일이다. 큰 고통에 시달리는 환자 는 간병하는 이에게 고마워하기는커녕 오히려 욕하고 화를 낼 수도 있다. 잘 간병하던 사람도 그러한 순간에는 불쑥 '내가 이렇게 열심히 저를 위 해 간병해주고 있는데!'라는 원망이 올라올 것이다. 우리가 그러한 순간에 도 '나'를 내려놓고 오직 아파하는 환자의 질병과 고통만을 염려하며 자비 의 마음과 손길을 유지할 수 있을까? 우리가 만약 단 한 사람에게만이라 도 그럴 수 있다면, 우리는 '나'에 대한 집착, 그로 인해 우리를 괴롭히던 온 갖 번뇌에서 벗어날 수 있을 것이다. 진정으로 '나'를 넘어설 수 있을 것이 다. 그러므로 환자는 나를 성장시키는 스승이다. 자비의 마음과 행동을 닦 도록 나를 단련시키는 스승이다.

# 그들은 어떻게
# 정신질환자가 되었는가
## ─정신병원의 등장과 정신질환자에 대한 인식의 변화

박성호
(경희대학교 인문학연구원 HK연구교수)

정신질환자는 더 이상 가족의 소관도 아니요, 기피나 혐오의 대상으로서 자신의 가정 내에서 격리되어야 하는 위험요소도 아니게 되었다. 이들은 약자이자 치료의 대상으로서 동정과 연민을 통해 사회 내에 포용되어야 하는 존재로 바뀌게 되었으며, 이는 당시 막 자리 잡기 시작한 근대적인 의료 기술과 제도의 보호를 받음으로써 가능하게 되었다. 그리고 이러한 변화는 고작 10여 년 사이의 짧은 시간 사이에 벌어진 것이었다.

## 정신질환, 광인에서 환자로

'정신질환'이라고 하면 사람들은 흔히 '정신병원'이라든가 '격리병동'과 관련된 단어나 이미지부터 떠올린다. '언덕 위의 하얀 집'이라는 편견 섞인 별칭이 이를 단적으로 보여주는 사례다. 정신질환자를 수용하는 병원이나 유관 시설에 대한 편견과 이로부터 비롯된 혐오나 공포의 감정이 이러한 시설을 도시 외곽으로 밀려나게 만들었고, 그 결과 산 속과 같은 외딴 지역에 자리 잡을 수밖에 없었던 형편이 이러한 속어를 탄생시키기도 했다.

하지만 이런 역사는 생각 외로 그리 길지 않다. 애초에 환자를 치료하는 기관으로서의 병원이 자리 잡게 된 역사부터가 짧다. 한국에서 최초의 서양식 병원으로 일컬어지는 광혜원(廣惠院)이나 제중원(濟衆院)이 설립된 것은 19세기 말의 일이지만, 지금처럼 몸이 아플 때 자연스럽게 병원을 찾는 문화가 정착된 건 그보다도 한참 이후의 일이다. 최초의 병원이 등장한 뒤에도 상당 기간 동안 병원은 의구심의 대상이었고, 사람들은 좀 더 익숙한 예전의 방식대로 질병에 대처하고는 했다. 동네 약방에서 약을 지어다가 달여 먹인다든가, 무당을 불러서 굿판을 벌인다든가, 혹은 환자를 집에다가 꽁꽁 숨겨 놓는다든가 하는 식이었다.

정신질환이라고 다르지 않았다. 애초에 뇌라든가 신경이라든가 하는 기관이나 그 작용에 대한 지식이 도입된 것부터가 19세기 이후의 일이다. 이런 기관들이 정신 활동에 어떤 영향을 끼치는지에 대해서도 잘 몰랐고, 그 과정에서 나타나는 각종 병증에 대해 어떻게 대처해야 하는지는 더욱 알 수 없었다.

오해하지는 말자. 동양의학에서 정신질환에 대한 이해가 없었다는 이 야기가 아니다. 동양의학이든 서양의학이든, 근대로 넘어서는 시기에 한 국에서 살고 있던 수많은 '보통' 사람들의 관점에서는 전문적인 의학 지식 을 접하고 이를 자신의 생활 내에 녹여낼 만한 상황 자체가 아니었다는 뜻 이다. 정신질환 혹은 그 환자에 대한 이해란 여타의 평범한 사람들과는 다 른 방식으로 행동하는 누군가에 대한 추상적인 규정에 그치는 게 일반이 었고, 그나마도 두려움과 배척의 대상으로 귀결되기 일쑤였다.

하지만 이러한 인식도 정신질환에 대한 지식과 진단 방식, 나아가서는 정신질환자를 구분하고 대우하는 방식이 바뀌면서 조금씩 변화의 지점들 을 보이게 된다. 그리고 이는 근대 병원 제도의 도입과 함께 약자에 대한 당대의 인식 변화라는 측면과 맞물려서 다채로운 양상들을 드러냈다.

이 글에서는 그러한 변화의 지점들을 간략하게 짚어보고자 한다. 다만 규정이나 제도, 혹은 시설의 변천과 같은 무미건조한 이야기들보다는 당 대 사람들의 인식을 엿볼 수 있는 여러 텍스트들, 특히 문학 작품 속에서 나타나는 정신질환과 관련된 이야기들을 중심으로 풀어나갈 생각이다.

## '미친 사람'으로서의 정신질환자와 그 처우

1900년대까지만 해도 정신질환에 대한 구체적인 진단도구나 그에 대응하는 병명은 보편화되지 않았다. 정신질환을 지칭하는 술어는 '미치다 [狂]'로 수렴되고는 했는데, 문제는 그 기준이었다. 지금이야 미국정신의학협회(APA: American Psychiatric Association)가 제정한 〈정신질환 진단 및 통계 편람〉(DSM)과 같은 진단도구가 있으니 그를 기준으로 어떤 병인지를 구체적으로 가늠하고 그에 따른 치료법 등을 선택할 수 있지만, 당시만 해도 이런 접근법은 무척 낯선 것이었다.

정확한 진단도구가 없다 보니 희한한 분석도 등장했다. 해외 소식을 전하는 《독립신문》의 어느 기사에서는 페르시아의 왕이 정신병을 앓는다고 전하면서 그 원인을 '전화기' 때문이라고 했다. 우리가 아는 그 전화기 말이다. 당시 페르시아 왕은 궁중의 곳곳에 전화기를 설치해 두고 틈만 나면 전화를 걸고는 해서 궁중 사람들이 잠을 제대로 이루지 못했다는데, 그러던 와중에 문득 정신병을 일으켰다고 했다. 의사들이 그 이유를 찾아보니 전화기 때문이라 했더란다. 전화기가 어째서 정신질환을 유발한 것일까? 구체적인 설명이 없으니 그 정확한 내막은 알 길이 없다. 다만 전화기에 대한 집착으로 인해 병이 들게 되었다고 하는 걸 보면, 일종의 강박증과 같은 것은 아니었을까 추정만 가능할 뿐이다.

국내의 경우에는 어땠을까. 1900년대에는 정신질환과 관련된 구체적인 병명을 찾아보기 쉽지 않다. 굳이 찾아보자면 신경쇠약(神經衰弱) 정도가 종종 눈에 띄고, '정신병'이라는 말조차도 잘 등장하지 않는다. 보통은 광증(狂症), 즉 '미쳐서 병든 상태' 정도로 언급하는 것이 일반이었다.

물론 그 진단 기준이나 주체도 뚜렷하지 않았다. 미쳤다는 것, 발광(發狂)했다는 것은 당사자의 행동을 통해서 판단되었다. 그런데 무엇이 미친 것인지를 판단하는 기준이란 특정한 행동 양태나 증상에 따르지는 않았다. 그 기준은 상대적이었다. 당시의 기준으로 볼 때 일반적이지 않은 행동, 즉 사회 일반의 규칙에 부합되지 않는 행동을 범할 경우에 미친 것으로 간주되었을 따름이다. 이를테면 다음과 같다.

> 용인군에 사는 김두승이라 불리우는 사람은 원래부터 정신병자로 유명한 자인데, 전국 각지를 돌아다니면서 자신을 옥황상제라든가, 요순이라든가, 문왕이나 무왕이라든가, 당 현종이라고 칭하고 다닌다더라. 최근에는 서울에 숨어 지낸다는 소문이 있어서 경시청에서 현재 수사 중이라더라.
>
> -《황성신문》 1909년 9월 11일 자

기사 속에서 '김두승'이라는 사람이 미친 것으로 간주된 원인은 그가 자신을 가리켜 옥황상제이니, 요순이니 하며 떠들고 다닌 탓이다. 오늘날의 기준으로 따진다면 망상 장애의 일종이겠지만, 당시로서는 그런 구체적인 분류는 존재하지 않았다. 그냥 당시 기준으로는 쉽게 납득될 수 없는 언행을 보였기 때문에 미쳤다고 간주되었을 뿐이다. 이를 판단하는 것도 보통은 경찰의 몫이었고, 가끔 경찰의사가 등장하기는 해도 보통 의료보다는 치안의 관점에서 다루어지고는 했다.

사실 위의 사건은 꽤 온건한 편에 속하는 것이었다. 이 당시 정신질환자에 대한 신문 보도 가운데 대다수는 대체로는 '피'와 관련된 것이었다. 정신질환자가 칼로 자살을 했다든가, 물에 뛰어들었다든가, 불을 질렀다거나, 혹은 타인을 공격했다든가 하는 식이었다. 때로는 그 타인이 부모나 자식인 경우도 있었다. 당시 신문 내에서 정신질환자는 범죄자거나 혹은 범죄를 저지를 우려가 있는 사람과 유사하게 간주되었다. 정신질환자를 사회로부터 격리해야 한다는 필요성은 이들에 대한 치료 목적보다는 사회 일반의 안전을 위함이라는 관점에서 거론되는 것이 보통이었다.

그러면 이러한 정신질환자에 대해서는 어떻게 대처했을까. 1913년 평양 대흥면 일대에서는 다섯 곳에 걸쳐 방화 사건이 벌어진다. 파출소에서 한 거동수상자를 체포해서 취조해 보니 범인은 역시나 정신질환자다. 이를 진단하고 판정한 것도 으레 그렇듯 경찰이다. 그런데 이후의 조치란 병원으로 보내어 치료를 받거나 혹은 특정한 시설에 격리 수용하여 보호 관찰하는 식이 아니다. 경찰에서 정신질환자로 판단하면 즉시 가족에게 연락하여 인계한다. 그리고 해당 환자가 함부로 집 밖을 나오지 못하도록 철저하게 감독할 것을 가족들에게 신신당부하는 것으로 사건은 마무리된다.

대체로는 이런 식이었다. 정신질환에 대한 진단도 치료법도 구체적이지 않았고, 이에 대응할 의료기관도 마땅치 않았던 것이 이 시기다. 정신질환에 대한 판단은 치안당국이 내렸고, 그 처분은 귀가조치였으며, 향후 대처는 가족에 의한 감시와 관리감독이었다. 정신질환자에 대한 치료는 그다지 고려되지 않았다. 다만 환자로 인해 예기치 못한 피해가 발생하는 일만 차단하는 것이 주된 목적이었다. 그리고 그 책임은 오롯이 환자 가족들에게 돌려졌다.

이런 양상은 당시 소설에서도 뚜렷하게 드러난다. 최초의 신소설로 손꼽히는 〈혈의루〉를 비롯하여 여러 작품을 썼던 이인직은 자신의 또다른 대표작 〈은세계〉에서 정신질환 환자를 등장시킨다. 주인공인 옥순-옥남 남매의 모친이 바로 그 대상이다.

최병도의 부인이자 주인공들의 모친, 그러니까 '본평댁'이 미치게 되는 과정은 지금 시점에서 봐도 그럴싸하다 싶다. 남편은 억울하게 동학도로 몰려서 강원감사에게 끌려가 매를 맞고 죽는다. 자기도 남편을 따라 죽고 싶지만, 어린 딸과 뱃속의 아이 때문에 그럴 수도 없다. 남편도 없고 가세도 기울어져서 의지할 곳은 없는데 홀로 아이를 키우고 낳아야 한다. 그 와중에 해산의 고통까지 겪는다. 결국 이 해산이 기폭제가 되어 본평댁은 '실진(失眞)'한다.

그러나 이런 본평댁에 대한 마땅한 치료법은 없었다. 일단 각종 약재를 동원해서 '청심보혈(淸心補血)'을 시도한다. 청심보혈이란 그대로 풀어쓰자면 마음을 맑게 하고 혈기를 보충한다는 것인데, 말하자면 기력을 보충한다는 의미다. 작중에서 언급된 당귀, 숙지황, 백작약 등은 『동의보감』에서도 여성의 월경 부조나 기력 약화에 사용하는 약재로 거론되고 있다. 즉, 산후 기력 보충에 사용하는 약을 처방한 정도다. 당연히 정신질환이 호전될 리 없다. 그래서 결국 본평댁을 집에 가두는 것으로 대처한다. 이는 당시 관점으로는 정신질환자에게 할 수 있는 거의 유일한 처방이었다.

> 앞뒤에 쌍 창문 척척 닫아두고, 문 뒤에는 긴 널빤지를 두 이(ㄷ)자 석 삼
> (ㅌ) 자로 가로질러서 두 치 닷 푼이나 되는 못을 척척 박아서 말이 문이지 아
> 주 절벽같이 만들어 놓고, 안마루로 드나드는 지게문으로만 열고 닫게 남
> 겨둔 것은 최본평집 안방이라. 그 방 속에는 세간 그릇 하나 없고 다만 있는
> 것은 귀신같은 사람 하나뿐이라.
>  - 이인직, 〈은세계〉 중에서

원래 살던 집을 감옥처럼 만들고, 그 안에 '귀신같은' 본평댁을 가두어
버린다. 문제는 이 상태로 하루이틀 보낸 게 아니라는 점이다. 옥남이 태
어난 직후부터 훗날 그가 장성하여 돌아올 때까지 이 상태가 지속된다. 아
무리 짧게 잡아도 십수 년의 세월이다. 즉 환자가 죽거나 혹은 높지 않은
확률로 자연히 치유될 때까지 가족의 감시 하에 집 안에 가두어 두려고 했
던 것이다.

그럼 이 본평댁은 계속 이 상태로 살아야 했을까. 아니, 그래서는 소설
이 될 수 없다. 본평댁은 마지막에 기적적으로 치유된다. 그 병을 고친 건
약도, 의사도 아니었다. 바로 장성한 아들 옥남이가 미국 유학을 마치고
집으로 돌아와서 '아버지를 죽게 한 강원감사 같은 사람들은 이제 모두 쫓
겨났다'는 한마디를 본평댁에게 들려주었기 때문이다. 그 어떤 의료적 처
치도 본평댁을 정신질환으로부터 구해낼 수는 없었지만, 그녀를 미치게끔

한 원인을 제거함으로써 병을 낫게 할 수 있다는 해석은 당시 사람들에게는 그런대로 이해가 가능한 해법이었던 듯 싶다.

다만 한 가지 아이러니한 점은, 본평댁을 완치시킨 계기 즉 '강원감사를 쫓겨나게 만든' 그 사건이 바로 1907년의 고종 강제폐위, 작중 표현으로는 "한국대개혁"이라고 일컬어지는 일이라는 사실이겠지만 말이다.


## 공포와 혐오의 대상에서 동정과 치료의 대상으로

정신질환을 본격적인 치료 대상으로 간주하고 의료기관에서 다루기 시작한 것은 1910년대부터의 일이었다. 조선총독부가 바로 그 시발점이었다. 당시 총독부는 기존의 대한의원(大韓醫院)을 총독부병원으로 변경하고 이곳을 최상위 의료기관으로 지정한다. 최고의 의료진과 최첨단 기술이 집약된 의료기관으로서의 총독부병원은 의료라는 본연의 목적뿐만 아니라 선전용으로도 훌륭한 도구였다. 기존의 의료로는 대처할 수 없는 난치병 환자들을 치료하고 언론을 통해 그 성과를 널리 알리는 식이었다.

조선총독부가 본격적으로 가동되기 전에도 정신병원의 역할을 하는 시설은 있었던 것 같다. 간혹 신문 광고나 기사에서 정신질환을 중점적으로 다루는 병원에 대한 언급이 단편적으로 등장하고는 했다. 하지만 정신병원의 존재가 구체적으로 그 면모를 드러내게 된 것은 당시 창경원 인근에 총독부병원 산하의 '동8호실(東8號室)'이 설치되면서부터였다. 앞서도 말했

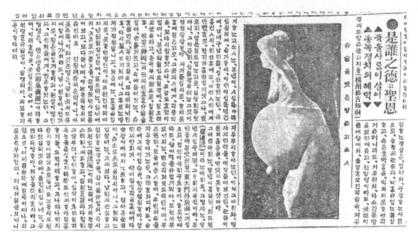

'총독부 병원에서 죽을 뻔한 사람을 살려내다'(《매일신보》 1913.10.4)

지만 총독부병원은 당시 식민지 조선 내에서는 최상위 의료기관이었다. 그곳에 별도의 정신병동을 설치하고 환자들을 수용했다는 것은 의료기관 이나 제도의 변천이라는 측면 이외에도 새로운 점을 시사한다. 바로 정신 질환 환자에 대한 규정과 처우의 변화다.

이전까지만 해도 정신질환자는 어디까지나 가족의 관리·감독 하에 있 어야만 했다. 앞에서도 언급했지만 정신질환자에게 가해지는 유일한 처방 은 집에 가둬 놓고 함부로 나가지 못하게 만드는 것이었다. 환자를 가두고 감시하는 것은 가족의 몫이었다. 전문적인 의료인도 아닌 가족이 환자에 게 유효한 치료 행위를 할 수 있을 리도 없다. 단지 정신질환자로 인한 문 제가 발생하지 않도록 가족 차원에서 차단하라는 것이 이러한 처치의 목적이었다.

그러나 동8호실의 설치와 더불어 이러한 방향성은 변화를 겪는다. 격리가 필요한 정신질환자를 별도로 수용한다는 개념은 그대로 유지되었지만, 대신 전문화된 의료시설에 격리하여 의료진의 관리를 받게 했다는 점에서 그러했다. 이 당시 동8호실에서 행해진 의료 행위가 구체적으로 어떠한 것이었는지는 알기 어렵지만, 적어도 사회로부터의 격리 그 자체를 목적으로 했던 이전과는 달리 어떤 형태로든 치유를 목적으로 하는 의료 행위를 효과적으로 수행하기 위한 수용으로 바뀌었다는 점만큼은 분명했다.

이 '동8호실'은 종종 신문기사에 등장하기도 했다. 그런데 앞의 경우와는 달리, 동8호실과 관련된 보도 중에는 그다지 부정적인 이야기는 없다. 원래 정신질환 환자들과 관련된 보도들 중 대다수는 환자가 격리 공간—주로 자신의 집—을 탈출하여 모처에서 기이한 행동을 했다거나 혹은 상해, 살인, 방화 등의 범죄를 저질렀다는 내용이었다. 그러나 동8호실을 다룬 기사는 그와 같은 내용을 일절 다루지 않았다. 오히려 정신병동에 대해 일반인들이 갖기 쉬운 편견을 해소하려는 목적의 보도가 더 큰 비중을 이루었다. 1921년 9월 《매일신보》에는 기자가 동8호실을 방문하여 견학한 내용을 이틀에 걸쳐 르뽀 기사 형식으로 상세하게 보도했는데, 이 가운데 눈에 띄는 대목이 하나 있다. 동8호실의 담당의사와 나눈 대화 중 한 부분이다.

병자라는 것은 원래 불쌍한 것이지만, 특히 정신병자는 그중에서도 가장 불쌍한 것입니다. 다른 병자는 불쌍하게 여기는 사람조차도 정신병자라고

하면 곧 미친놈이라고 배척하면서 비웃는 까닭에 병자의 정신은 더욱 흥분되어 병세가 더하게 됩니다. 또한 정신병이라고 하면 영영 고칠 수 없는 불치병으로 알고 내버려두는 모양이나 이는 아주 틀린 생각입니다. 고비가 지나기 전에 치료만 하면 훌륭하게 나을 수 있습니다.

　　-《매일신보》1921년 9월 9일 자

　　정신질환자에 대한 인식이 확고하게 바뀌는 대목이다. 기존의 신문보도가 정신질환에 대한 두려움을 자극하고 혐오와 배제를 부추기는 쪽에 있었다면, 동8호실과 관련된 보도나 기록은 병원 내에서 벌어지는 환자들의 평온한 일상을 전달하는 데 초점을 맞추는 경향이 강했다. 물론 이는 총독부병원이라는 특성상 조선총독부의 통치의 정당성을 널리 퍼뜨리려는 정치적 이유도 존재했다는 점은 부인하기 힘들다. 총독부의 통치 하에 정신질환자들마저 행복한 삶을 누리면서 평화롭게 치료를 받고 있다는 서사는 정치적 선전 목적으로도 충분히 활용될 수 있는 것이었으니 말이다. 하지만 이를 감안하더라도 동8호실과 관련하여 형성된 정신질환자에 대한 대중매체의 이미지는 기존의 그것과 비교했을 때 큰 폭으로 바뀌었다는 점은 부인할 수 없다.

　　물론 이전처럼 정신질환자가 일으킨 범죄에 대한 기사는 여전히 등장했다. 하지만 이들은 총독부병원과 같은 당대의 '신질서'에 포섭되지 않은 사람들이었다는 점에서는 위의 경우와 그다지 상충되지는 않았다. 심지어는 이런 사람들에 대해서조차도 이전과 다른 시선을 던지는 경우조차 있었다. 예컨대 1914년 12월 《매일신보》 3면에 연재 형식으로 게재된 기사에서는 경성 남부 황금정(오늘날의 을지로)에 사는 전씨 성을 가진 여인이 미쳐서 길거리에서 날뛰다가 경찰서에 붙잡혔는데, 이 여인이 어쩌다가 병에 걸리게 되었는지 그 내력을 소상하게 밝히면서 그녀가 얼마나 '불쌍한' 사람인지에 초점을 맞추었다. 그래서 기사 제목도 〈가련한 광녀(狂女), 그 눈물의 일생〉이었다. 게다가 마지막에는 그녀를 체포한 경찰서에서조차도 그녀의 사정을 불쌍하게 여기고 총독부병원에 소개하여 치료를 받을 수 있게 했다는 후일담까지 등장했다.

이런 변화는 동시대의 소설에도 고스란히 반영되었다. 한국 문학에서 처음으로 이 제8호실에 입원하는 사람이 바로 저 유명한 〈장한몽〉의 심순애다. 심순애는 이수일과의 약속을 저버리고 김중배와 결혼한 데 대한 죄책감을 놓지 못했는데, 김중배와의 결혼 생활 역시 순탄치 못하게 되니 이러한 스트레스가 겹쳐서 신경과민과 불면증 등을 일으킨다. 과연 병을 일으킨 심순애는 어떻게 묘사가 되고 있을까. 다음을 보자.

> 우수(憂愁, 근심 걱정) 사려(思慮, 깊은 고민)가 몸을 떠날 새가 없어서 결국 잠을 이루지 못하며, 아침 저녁 식사를 입에 대지 못하고, 정신상으로도 종종 이상을 일으켜서 하는 말도 앞뒤가 맞지 않고, 갑작스레 웃다가도 또 갑자기 울고, 행동 역시 예측할 수 없어서 이미 환자로 인정하지 않을 수 없더라.
>
> - 조중환, 〈장한몽〉 중에서

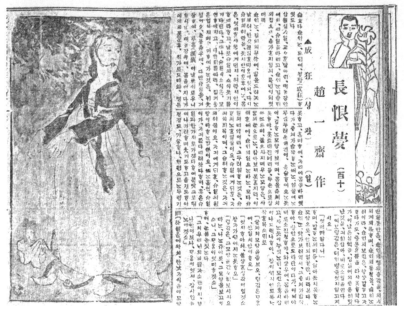

정신질환을 일으킨 심순애의 모습을 묘사한 삽화(《매일신보》 1913.9.19)

   사실 환자로서의 심순애의 모습은 앞서 보았던 〈은세계〉의 본평댁과 비교했을 때 큰 차이는 없다. 본평댁이 자신의 자녀조차 알아보지 못할 정도의 심한 착란 증상을 일으키는 것보다는 비교적 사리분별이 용이하다는 점 정도가 다를 뿐이다. 하지만 실제 환자에 대한 묘사나 인식은 적잖은 차이가 있다. 〈은세계〉의 본평댁이 보여주는 모습은 참혹하다 못해 괴기스러운 인상까지 준다. 환자 본인뿐만 아니라 그녀를 가둬 둔 집조차도 폐가에 가까운 모습으로 묘사된다. 그러나 〈장한몽〉의 심순애는 그렇지 않다. 그녀는 정신질환을 앓고 있기는 해도, 본평댁과 같은 '소름끼치는' 형상보다는 오히려 가련하고 불쌍한 여성의 모습에 가깝게 그려진다. 《매일신보》 연재본에서 심순애가 병원에 입원하는 대목에 들어간 삽화만 보더라도 이런 특징을 확인할 수 있다.

〈은세계〉의 본평댁에 대한 묘사를 환기해 보자. 머리는 산발에 얼굴에는 때가 켜켜이 끼었고 살은 없다시피 하여 뼈만 남은 형상이다. 그러나 〈장한몽〉의 심순애를 그린 이 삽화는 이런 이미지와는 큰 거리가 있다. 비록 정신질환을 일으키기는 했어도 그 모습은 슬픔에 빠진 가련한 여성의 모습에 가깝다. 이 삽화에서는 괴기스러움이나 두려움, 혹은 혐오감을 유발할 만한 요인은 드러나지 않는다.

〈은세계〉가 발표된 것이 1908년임을 감안한다면, 두 소설의 시간 차이는 고작해야 6년 남짓이다. 지금으로 치자면 정권 한 번 지나간 정도랄까. 하지만 두 소설에서 정신질환자를 묘사하는 방식은 큰 차이가 있다. 전자가 공포와 혐오를 불러일으키는 방식이라면, 후자는 동정과 연민을 유발하는 방식이다. 물론 전자 역시 부당한 권력의 희생양이라는 측면에서 동정을 불러일으킬 여지가 있지만, 사실 〈은세계〉가 유발하고자 했던 감정의 핵심은 본평댁과 같은 약자에 대한 동정보다는 그들을 억압하는 강자, 즉 강원감사와 같은 권력자들에 대한 분노였다는 점도 감안해야겠다.

하지만 이는 비단 두 소설의 차이에서만 비롯되는 바는 아니었다. 앞서도 언급했듯이 정신질환을 다루는 대중매체의 관점은 급격한 변화를 겪고 있었다. 그리고 이는 당시 빠른 속도로 도입되기 시작한 근대적인 의료 기

술이나 제도, 즉 서양식 의사나 병원, 그리고 이들을 기반으로 한 보건의
료정책과도 적잖은 관계를 맺고 있었다. 〈은세계〉와 〈장한몽〉의 차이는
그러한 시대적 변화상과도 맞물려 있는 것이었다.

## 근대 의료 제도 내로 편입된 정신질환과 환자

1910년대 후반만 되어도 정신질환에 대한 접근법은 크게 달라진다. 예
전 같으면 그냥 전광증(癲狂症) 정도로 치부하고 말았을 증상들이 구체적인
원인과 더불어 세분화되어 구체적인 병명을 확보하게 된다. 1917년 3월 8
일자 《매일신보》 기사가 제시한 병명들만 봐도 한두 개가 아니다. 마비성
치보, 조발성 치보, 파과병, 긴장병, 망상성 치보, 조울병, 히스테리 등. 여
기서 치보(痴保)란 치매의 일본어 표현에 해당하는데, 오늘날의 치매와 동
일한 의미는 아니다. 예컨대 마비성 치보의 경우에는 매독(梅毒)의 후유증
으로 인해 발생하는 착란 등의 현상을 가리키는 식이다. 히스테리나 멜랑
콜리아와 같은 외국어 병명도 자연스럽게 끼어들었다. 정신질환에 대한
인식은 사회의 질서를 따르지 않는 이상행동에 대한 술어에서, 진단과 치
료를 요하는 질병의 하나로 급격한 전환을 겪고 있었다.

이제 정신질환을 지칭하는 병명은 세분화되었고, 이를 진단하고 치료
하는 공간은 병원으로 이관되었으며, 환자 역시 공포와 기피의 대상보다
는 동정과 연민의 대상으로 전환되었다. 이러한 변화는 대단히 빠른 속도

경성제대 대학병원에 설치된 정신병동의 전경(《매일신보》 1929.6.27)

로 이루어졌다. 물론 사회 일반이 이를 받아들이고 내면화하는 데에는 좀 더 많은 시간이 필요했겠지만, 정신질환과 환자를 다루는 언론의 태도가 급격하게 변화했다는 것만큼은 분명한 사실이었다.

이런 변화는 소설에서도 감지된다. 조중환이 1914년에 쓴 소설 중에 〈비봉담〉이라는 작품이 있다. 같은 작가가 앞서 발표한 〈장한몽〉이나 〈쌍옥루〉에 비하면 그 유명세는 덜하지만, 앞선 두 작품과는 달리 정신질 환을 묘사하고 다루는 방식이 의료적 관점에서 더욱 구체화되었다는 점에 서는 눈에 띈다. 게다가 〈비봉담〉에서는 비로소 의료가 정신질환을 다스 리는 효과적인 수단으로 제시되었다는 사실은 더욱 주목할 만하다.

원래 〈장한몽〉에서는 의사나 병원은 병을 고치는 데 아무런 역할을 하 지 못했다. 총독부병원이 등장하고 '메랑고리아'라는 구체적인 진단까지 나오지만, 정작 심순애를 치료한 사람은 아무도 없다. 사실 심순애는 앓을 만큼 앓은 후에 스스로 살아남는 방식으로 치유된다. 물론 여기에는 결정 적인 역할을 한 조력자도 있기는 했다. 하지만 그건 의료와는 아무런 상관 도 없는 인물인 이수일이었고, 그가 심순애에게 한 행위 역시 의료와는 거 리가 멀었다. 사실 이수일이 한 것이라고는 하나밖에 없다. 심순애에게 그 간의 잘못을 용서한다고 말해준 것뿐이다. 마지막에 심순애가 병으로부터 완치되었음을 판단하고 선언하는 것도 의사가 아니라 이수일의 몫이었다. 요컨대 심순애의 정신질환은 병리적 현상이라기보다는 그녀 자신이 저지 른 죄에 대한 벌의 의미에 가까웠다는 뜻이다.

그런데 〈비봉담〉에서는 의사가 주인공의 병을 고치는 데 성공한다. 이게 뭐 대단한 일이냐 싶지만, 그 이전까지의 소설에서 실제로 의사가 정신질환 치료에 성공한 사례가 없었다는 점에서는 놀랄 만한 일이다. 그것도 무려 주인공 때문에 죽을 뻔했던 남자가 의사로 등장하여 그녀에 대한 원한을 접어두고 의사로서의 윤리를 앞세워서 치료에 적극적으로 나섰다는 점에서는 더욱 새롭다.

> 나는 그대의 몸을 구해낼 까닭이 없소. 그대는 나를 연못 가운데 집어넣어 죽이려고 했던 사람이오. 그대의 몸에 병이 있어서 죽든지 살든지 내가 알 바 아니지만, 내가 이미 의사의 직책을 가진 사람인 이상 치료를 하지 않을 수도 없으니, 일단 그대를 살려 정신을 회복하게 한 뒤에 나의 원통한 사정을 그대에게 말한 뒤 아주 작별을 하려는 생각으로 그대의 병을 구하였을 뿐이오. 조금이라도 그대를 사랑해서 구해준 것은 아니오.
> - 조중환, 〈비봉담〉 중에서

여기에는 약간 배경 설명이 필요하다. 주인공인 박화순은 임달성이라는 남자와 밀회를 즐기는 관계였다. 하지만 박화순에게 정혼 문제가 거론되면서 둘 사이에는 말다툼이 벌어졌고, 그 과정에서 박화순은 임달성을 뿌리친다는 것이 그만 실수로 그를 호수에 빠지게 만든다. 임달성은 다시 빠져나오지 못했고, 박화순은 자신이 그를 빠져죽게 만든 것이라 생각해서 큰 충격을 받는다. 그녀는 살인 혐의를 받게 될 것을 두려워하여 도피를 선택하게 되지만, 이로 인한 죄책감으로 인하여 정신질환을 앓게 된다.

작중에서는 '신경열병'이라는 독특한 병명으로 설명되어 있는데, 증상만 본다면 전형적인 신경쇠약에 다소간의 섬망 증상을 섞은 듯하다. 아마도 19세기 무렵 영문학에서 종종 등장하던 nervous fever에서 유래되었을 것으로 보인다. 어찌되었든 박화순은 도피와 체포, 수감을 거치면서 이 병이 심화된 결과 경성감옥 내에서 입원하게 되는 처지에까지 이른다.

그런데 공교롭게도 경성감옥 부속병원에 입원한 박화순을 치료한 것이 바로 임달성이었다. 당시 그는 호수에 빠지기는 했어도 기적적으로 살아남았는데, 박화순이 자신을 죽이려 한 것이라고 생각해서 이름을 바꾼 채 조용히 경성으로 떠났다. 마침 그는 의사였던지라 경성에서 직장을 구하기도 어렵지 않았는데, 하필 취직한 곳이 경성감옥 부속병원이었다. 그곳에서 우연히 박화순을 만났고, 그녀에 대한 의심과 원한을 품고 있었음에도 최선을 다해 치료에 임함으로써 그녀의 신경열병을 완치하는 데 성공한다.

임달성이 살아 있다는 걸 알게 된 뒤로 박화순은 다시 발병하지 않는다. 임달성을 죽였다는 죄책감으로부터 해방되었으니 병으로부터도 자유로워진 셈이다. 이것만 두고 본다면 남편의 원수가 벌을 받았다는 말을 듣고 치유된 〈은세계〉의 본평댁이나, 이수일로부터 자신의 잘못을 용서받고 비로소 건강을 회복한 〈장한몽〉의 심순애와도 별 차이가 없어 보인다. 하지만 결정적으로 〈비봉담〉의 박화순은 이미 임달성에 의해서 치료를 받고 쾌유한 뒤에 임달성의 생존 사실을 알게 되었다는 데에서 차이가 있다. 〈장한몽〉과 〈비봉담〉의 시간적 격차는 기껏해야 2-3년 가량이지만, 이 사이에 이미 정신질환은 소설 속에서의 '처벌-속죄'를 은유하는 장치로부터 벗어나서 의료의 대상인 질병 그 자체로 분리되고 있었다.

실제로 박화순은 신경열병에서 벗어난 뒤에도 여전히 살인혐의를 진 피의자 신분으로 재판을 받으며, 임달성의 원한 또한 풀리지 않았다. 결국은 임달성을 죽이려고 한 숨어 있는 진범의 존재가 밝혀짐으로써 박화순은 무죄 판결을 받기는 하지만, 이는 작중에서는 한참 뒤의 일이다. 이수일에게 용서받고 멜랑콜리아로부터 치유됨과 동시에 행복한 결말에 도달하는 〈장한몽〉의 심순애나, 장성한 아들의 입에서 원수가 천벌을 받았다는 소식을 듣고 정신이 돌아옴과 동시에 가족과의 기적적인 해후로 끝을 맺는 〈은세계〉의 본평댁을 생각해 보면 이런 차이는 결코 사소한 것이 아님을 알 수 있다. 다른 관점에서 본다면 〈비봉담〉의 박화순은 제도화된 의료와 사법 질서 내에 성공적으로 편입된 정신질환자라고도 하겠다. 자신의 정신질환을 다스리고 그와 관련된 범죄 사실 여부를 판정함으로써 박화순에게 최종적인 행복을 부여하는 것은 작중의 그 어떤 인물이나 사건도 아니요, 오롯이 의료와 사법 제도의 정당한 작동에 따른 결과물이기 때문이다.

정신질환자는 더 이상 가족의 소관도 아니요, 기피나 혐오의 대상으로서 자신의 가정 내에서 격리되어야 하는 위험요소도 아니게 되었다. 이들은 약자이자 치료의 대상으로서 동정과 연민을 통해 사회 내에 포용되어야 하는 존재로 바뀌게 되었으며, 이는 당시 막 자리 잡기 시작한 근대적인 의료 기술과 제도의 보호를 받음으로써 가능하게 되었다. 그리고 이러한 변화는 고작 10여 년 사이의 짧은 시간 사이에 벌어진 것이었다.

# 병원, 환자, 그리고 경계*

## —19세기 미국 뉴올리언스 자선병원의 환자들

공혜정

(건양대학교 의과대학 의료인문학교실 의료인문학 특임조교수)

* 이 글은 공혜정의 박사학위 논문("The Hospital as a Space of Heterogeneity: Revisiting Charity Hospital in Antebellum New Orleans, Louisiana," 서울대학교, 2016)의 일부를 발췌 및 요약하였다.

노예제를 상징하는 대규모 노예시장을 보유하는 남부를 대표하는 도시였던 뉴올리언스의 자선병원의 환자는 '남부 같지 않은' 환자 구성을 보여주었다. 즉 대다수 환자들은 외국 태생의 백인 남성 이민 노동자들이었고, 이런 점은 앞서 프리스트가 지적한 남부적인 모습이 아니라 비남부적, 즉 북부의 모습과 유사하였다. 더군다나 '남부 같지 않은' 환자들이 모인 병원에서는 명확하지 않고 불확실한 '환자-비환자,' '건강함-건강하지 않음' 간의 경계 역시 불분명하였다.

## 누가 환자인가?

　〈그림 1〉과 〈그림 2〉는 미국의 노예제 옹호론자였던 조시아 프리스트 (Josiah Priest)가 1852년에 출간한 책에 삽입된 그림이다. 1850년대는 미국에서 남부의 노예제 옹호와 북부의 반노예제 운동이 첨예한 대립을 보이던

그림 1. 북부 노동자들의 의료적 돌봄
(출처: Josiah Priest, Josiah Priest, *Bible Defence of Slavery*, 6<sup>th</sup> ed. Glasgow, Ky.: W. S. Brown, 1852, pp. 450-451)

그림 2. 남부 노예들의 의료적 돌봄
(출처: Josiah Priest, Josiah Priest, *Bible Defence of Slavery*, 6<sup>th</sup> ed. Glasgow, Ky.: W. S.Brown, 1852, pp. 450-451)

시기이다. 프리스트는 환자가 북부의 노동자일 경우와 남부의 노예일 경우를 대비하여 노예제가 더 인간적인 제도임을 보여주고자 하였다. 〈그림 1〉에서 북부의 노동자가 질병에 걸릴 경우, 낯선 사람들에 의해 들것에 실려 병원으로 실려 가는 비인간적이고 매정한 모습을 묘사하고 있다. 〈그림 2〉에서는 남부의 노예가 아플 경우 노예주 부부가 따뜻한 분위기에서 정성껏 돌보는 모습을 그리고 있다. 질병에 걸린 환자를 돌봄은 개인적인 차원이 아니라 그 사회의 돌봄 체제를 보여주는 지표였다. 프리스트가 비인간적이고 매정한 돌봄의 장소라고 지적했던 19세기 중엽 미국의 병원에서 '건강함(healthiness)'과 '건강하지 않음(unhealthiness)'은 새롭게 정의되었다. 흥미롭게도 흑인과 백인, 그리고 유럽 이민들이 함께 모여 살았던 남

그림 3. 멕시코만과 미시시피강의 접경에 위치한 뉴올리언스의 지리적 위치
세모: 뉴올리언스, 굵은 선: 미시시피강(출처: 위키피디아)

부 도시 병원에서는 이 두 개념이 단순하고 명확한 이분법이 아니라 "가변적이고 불완전한 유동성(fluidity)을 지닌 사회-문화-의료적 경계선(social, cultural, and medical boundary)"이라고 설명할 수 있다.

이 장에서는 프리스트가 옹호했던 노예제가 가장 극성을 부린 남부 주 중에서도 인구 구성상 '가장 비(非) 남부적인 모습(unlikely southern)'을 보인 루이지애나 주(Louisiana)의 뉴올리언스(New Orleans) 시에 위치한 자선병원(Charity Hospital)의 환자를 중심으로 살펴보고자 한다.

자선병원은 1736년에 문을 열고 2005년 허리케인 카트리나(Hurricane Katrina)로 인해 문을 닫을 때까지 300년 가까이 뉴올리언스에서 이 지역 도시민들의 의료를 담당했던 대표적 병원이었다. 이 병원은 미국에서 자선병원보다 몇 개월 앞서 설립된 뉴욕(New York)의 벨뷰 병원(Bellevue Hospital) 다음으로 같은 이름을 내걸고 운영된 두 번째로 오래된 병원이기도 하였다. 그런만큼 19세기 중엽의 자선병원에 있었던 환자의 모습을 살펴보는 것은 '미국 병원 역사'라는 커다란 빵의 단면을 잘라내서 들여다보는 것과 같은 효과가 있을 것이다.

## 뉴올리언스

### 1) 지리적 배경

〈그림 3〉에서 보듯이 뉴올리언스는 내륙과 바다, 그리고 강을 연결하는 곳에 위치하였다. 루이지애나 주는 아열대 지역에 위치하여, 대다수의 지역이 미시시피 강(Mississippi)에서 흘러내리는 퇴적물이 만들어낸 거대한 삼각주와 해안 및 늪 지역에 속했다. 이러한 덥고 습한 기후와 잦은 허리케인의 영향으로 역사적으로 미국 내에서 '가장 건강하지 못한 지역'으로 알려졌다. 이질, 말라리아, 황열병, 콜레라, 성홍열 등의 질병은 뉴올리언스 시민들을 자주 공격하였다. 그중에서도 황열병은 1837-1847년 사이에 5번이나 유행하여 4,000명 이상이 사망하였고, 1853년 황열병의 경우 전체 도시 인구의 50%에게 피해를 입혔다. 여름의 '질병 시즌(sickly season)'에는 도시 생활에도 많은 영향을 미쳤다. 언론인 J. D. B. 드 보우(J. D. B. De Bow)는, "사람들은 증기선과 철도 노선을 문의하고 트렁크를 구매한다. 호텔은 매

우 초라해 보이고, 접대실은 빛을 잃는다. 거리는 메마르고 무미건조해진 다"라고 황열병이 도시를 강타했던 시기를 묘사하기도 하였다.

## 2) 다국적 정착인들

뉴올리언스는 미국 내에서 가장 다양한 인구 구성과 문화 배경을 대표 적으로 상징하는 도시였다. 이러한 다양성은 자선병원의 환자 구성에서 그대로 표출되었다. '프랑스령 식민지-스페인령 식민지-미연방 영입'이라 는 역사적 경로를 통해서 다양한 인종과 민족이 자연스럽게 유입되었다. 1803년 앵글로-색슨(Anglo-Saxon)의 미국령으로 영입되기 전까지 이 지역 은 프랑스와 스페인, 그리고 아메리카 원주인 문화의 영향을 받았다. 이러 한 사회 및 문화적 영향은 다른 지역과 루이지애나 주를 구분하는 주요한 특징이 되었다. 1682년 프랑스인 탐험가 르네-로베르 까블리에(René-Robert Cavelier sieur de la Salle)가 유럽인 최초로 미시시피 강을 통해서 멕시코 만을 여행하고 이 지역을 프랑스령으로 삼았다. 이후 이 지역을 루이 14세(Louis XIV)의 명예를 기리기 위해 그의 이름을 따서 '루이지애나(La Louisiane)'로 명명하였다. 뉴올리언스는 1718년 프렌치 미시시피 회사(French Mississippi Company)에서 장-뱁티스트 르 모엔느 총독(Jean-Bapiste Le Moyne, Sieur de Bienville)의 지휘 아래 설립되었다. 당시 프랑스 섭정이었던 필리프 드 오를 레앙 공작(Philippe d'Orléane, Duke of Orléans)의 이름을 따서 '뉴올리언스'라고 명명하였다. 이 지역은 미시시피 삼각주(미시시피 강과 멕시코 만이 만나는 곳)에서 내 륙과 바다를 연결하는 중요한 운송 통로로 자리 잡아 목재, 광물, 농산물,

모피, 노예 등의 이동의 허브가 되었다.

프랑스가 지배하는 동안 프랑스인들은 물론 독일계 이민들이 뉴올리언스 북쪽과 미시시피강 서쪽 제방에 '독일 해안(German Coast)'을 형성하였다. 1763년 '7년전쟁'*에서 영국이 승리한 이후 프랑스는 미시시피 동쪽의 땅을 영국에 양도하였다. 뉴올리언스와 그 주변 지역은 퐁텐블로조약(Treaty of Fontainebleau, 1762)으로 스페인의 식민지가 되었다. '7년전쟁' 이후 아카디아(Acadia, 현재 Nova Scotia, New Brunswick, Prince Edward Island) 지역으로 추방당했던 프랑스인들이 스페인 통치 기간 중 루이지애나 남서부에 정착하였다. 1770-80년대 '이슬레뇨스(섬사람, Isleños)'라고 불리는 스페인령 카나리 제도(Canary Islands)에 사는 스페인인들과 카나리제도의 일부 사람들 역시 루이지애나로 이주하였다. 1800년 프랑스는 산 일데폰소 조약(Treaty of San Ildefonso)을 맺고 스페인으로부터 루이지애나 지역을 확보하였지만, 곧 1803년 미국에게 매매하였다. 이상과 같은 역사적 배경 하에 뉴올리언스에는 프랑스와 스페인, 그리고 앵글로 색슨은 물론 다양한 문화가 혼재하게 되었다.

1708년 르 모엔느 총독이 처음 2명의 아프리카 흑인을 서인도제도(West Indies)에서 루이지애나로 노예로 데리고 온 것이 노예제의 시발점이었다. 1720년대에 이르면 흑인의 수가 급증하였다. 1721년 기록에 의하면 뉴올

---

* 7년 전쟁(1756-1763)은 '오스트리아-프랑스-작센-스웨덴-러시아'가 동맹을 맺어 '프로이센-하노버-영국' 연합에 맞서 싸운 전쟁으로 유럽은 물론 그들의 식민지 였던 아메리카 대륙과 인도에까지 퍼진 대규모 전쟁이었다.

리언스에 1,245명의 흑인(그중 1/2이 노예)이 있었다. 1724년에는 '흑인통제법
(Code Noir)'을 제정하여 인종간 결혼(interracial marriage) 금지 등을 법으로 제
정하였다. 18세기 후반에 이르면 노예 없는 루이지애나는 상상할 수 없는
수준에 이르렀고, 19세기 초 미국령이 되면서 노예제는 더욱 강화되었다.
이 지역이 덥고 습한 기후였기 때문에 뉴올리언스를 비롯한 루이지애나
주가 경제적으로 생존하기 위해서는 강압적인 노동체계인 노예제는 필
연적인 것처럼 여겨졌다. 자유민과 노예를 합친 흑인 인구의 수는 1830년
인구 통계에서는 전체 인구의 57.3%로 절반 이상을 차지하기도 하였다
(<표 1> 참조).

그러나 전체 인구 중 흑인 인구의 비율은 1830년대 이후 독일과 아일랜
드에서의 기근으로 인해 유럽 이민자들이 몰려들면서 점차 줄어들기 시작
하였다. 밀려오는 유럽 이민자들로 인해 이 도시는 1840년에 이르면 남부
에서는 가장 큰 도시, 그리고 미국 내에서 세 번째로 큰 도시로 성장했고,
전 세계적으로는 네 번째로 번화한 항구로 자리매김하게 되었다. 〈표 1〉에
서 보듯이 흑인의 수가 백인의 수를 압도하는 경우가 많은 다른 남부 도시
들—대표적으로 사우스캐롤라이나(South Carolina) 주의 찰스턴(Charleston)—과
달리 1850년대에 이르면 뉴올리언스는 미국에서 가장 큰 노예시장을 자랑
하면서도 흑인이 20.4%, 백인이 79.6%로 백인이 주류를 이루게 되었다.

표 1. 뉴올리언스 인구 구성(1830-1860, 비율 %)

| 연도 | 전체 (숫자) | 백인(%) | 흑인(%) | | | 미국내 인구순 도시 순위 |
| | | | 노예 | 자유민 | 총합 | |
|---|---|---|---|---|---|---|
| 1830 | 46,082 | 42.7 | 23.9 | 33.4 | 57.3 | 5 |
| 1840 | 102,193 | 58.2 | 18.8 | 22.9 | 41.8 | 3 |
| 1850 | 16,375 | 79.6 (42.8)* | 15.1 | 5.3 | 20.4 | 5 |
| 1860 | 68,675 | 84.7 (39.8)* | 8.3 | 7.0 | 15.3 | 6 |

* 외국 태생 백인(Foreign-born whites)
(출처: Campbell Gibson, "Population of the 100 Largest Cities and Other Urban Places in the United States: 1790 to 1990": https://www.census.gov/population/www/documentation/twps0027/twps0027.html)

이상과 같이 뉴올리언스는 전염병의 발병에 취약한 기후적, 지리적 환경을 가지고 있었다. 그러나 '프랑스령 식민지-스페인령 식민지-미연방 영입'이라는 역사적 경로를 겪으면서 미국 내에서 독특한 문화적 특징을 가지게 되었다. 아울러 뉴올리언스의 흑인들과 유럽 이민자로 구성된 다양한 인종과 민족의 모자이크를 구성하였다. 다양성이 자연스럽게 공존하는 뉴올리언스 도시의 성격은 뉴올리언스 도시민들의 의료를 담당했던 자선병원에도 그대로 투영되었다.


## 병원

앞서 살펴본 바와 같이 뉴올리언스의 자선병원은 '가장 건강하지 못한 지역(unhealthiest region)'에 몰려든 다양한 배경을 가진 사람들(diverse population)을 위한 장소였다. 자선병원은 존립했던 시기 동안 뉴올리언스 도시 곳곳을 옮겨 다니면서 총 6개의 병원을 건립하고 운영하였다. 특히 이 장에서 가장 많이 언급되는 다섯 번째 자선병원은 1830년대 세워져서 100년 넘게 건재했다. 다섯 번째 자선병원은 도시 개별 자치구들 간의 경계 지역에 자리 잡고 있으면서 독특한 특징을 보여주었다.

### 1) 여섯 개의 자선병원

자선병원은 시작부터 총 여섯 번 같은 이름으로 새로 건립되었다. 자선병원은 1699년 프랑스가 최초의 영구적 식민지를 건설한 후 세워진 첫 병원은 아니었다. 프랑스가 루이지애나 지역에 식민지를 건설하면서 가장 우려한 것은 식민 정착민들의 건강이었다. 이에 1722년 소규모의 왕립 병원(Royal Hospital)을 설립하고 1726년 우르슬라 수녀회(Ursuline nuns)가 병원을 도맡아 운영하였다. 그러나 1732년 허리케인으로 병원이 파괴되었고, 이후 1734년에 새로 건립된 병원에서는 주둔 군인들과 식민지 관리들만을 돌보았다.

이런 상황에서 의료 사각지대에 놓인 일반 도시민과 특히 도시 빈민을 위해 세워진 병원이 바로 자선병원이었다. 1736년 부유한 상인 장 루이(Jean Louis)가 빈민의 건강 돌봄을 위한 병원 건립에 쓰도록 유산을 기부하였다. 드디어 5~6명의 환자와 함께 첫 번째 자선병원, 또 다른 이름으로는 '성 요셉 병원(Hospital of Saint John)' 혹은 '빈민을 위한 자선병원(L'Hospital des

The Charity Hospital — New Orleans.

그림 4. 다섯 번째 자선병원
(출처: Public Domain, https://wellcomecollection.org/works/n986sy2j)

Pauvres de la Charitè)'이 문을 열었다. 첫 번째 자선병원에 환자 수가 늘어나
자 7년 후 병원을 확장하여 두 번째 자선병원을 건립하였다. 1763년 뉴올
리언스가 프랑스에서 스페인 지배 식민지로 편입되었지만, 두 번째 자선
병원의 운영은 1769년까지 기존의 운영진과 체제대로 유지되었다. 1779년
도시 전체를 심하게 파괴한 허리케인의 영향으로 두 번째 병원이 폐허가
된 후, 기부금을 모아서 같은 장소에 세 번째 병원인 '산 카를로스 신(新)자
선병원(New Charity Hospital of San Carlos)'을 건립하였다.

1803년 뉴올리언스는 미국이 루이지애나를 매입(Louisiana Purchase)한 후 미연방에 편입되었다. 1809년 도시 전체에 번진 대화재로 세 번째 병원 건물이 크게 파괴되었다. 이후 1815년 네 번째 병원이 건립되었으나, 뉴올리언스 도심에서 너무 멀리 떨어진 지역이라 환자들의 이용과 병원 운영에 있어 애로사항이 많았다. 이에 곧 다섯 번째 병원 건립에 대해서 논의하게 되었다. 결국 1832년에 〈그림 4〉의 다섯 번째 자선병원이 건립되었다. 이 병원은 1939년 대지진으로 파괴된 후 여섯 번째 병원이 새로 건립되기 전까지 100년 넘게 존립했다. 현대식 병원으로 단장했던 여섯 번째 자선병원은 2005년 허리케인 카트리나로 크게 파괴되었다. 그러나 그 피해 규모가 너무 커서 뉴올리언스 시민들의 각고의 노력에도 불구하고 병원으로 다시 복구되지 못하고 결국 문을 닫았다.

## 2) 구분된 도시 경계에 위치한 자선병원

〈그림 5〉에서 보듯이 다섯 번째 자선병원이 세워졌을 1830년대 뉴올리언스는 크게 3개의 개별 지배 체제로 구분되는 자치구로 분할되어 있었고, 각 자치구마다 다른 인구 구성을 보였다. 커널 가(街)(Canal Street)와 에스플러나드 가(街)(Esplande Avenue)를 중심으로 세 개 구역으로 구분되었다. 도시의 주 지배층이었던 크리올(Creole, 프랑스계 이주민)과 영어권의 앵글로-색슨계는 미시시피강의 좁은 초승달 모양의 제방 지역을 끼고 서로 주거와 활동을 분리하였다. 즉 커넬 가는 앵글로-색슨계와 크리올 주거지를 대략적으로 구분하였다. 크리올은 1지구(first municipality, or Vieux Carré)인 지금의 프

렌치 쿼터(French Quarter)와 뉴올리언스 남쪽, 즉 커낼 가와 에스플러나드 가의 대부분을 차지하는 지역에 거주하였다. 앵글로-색슨계는 제2지구(second municipality)인 강변의 서쪽인 '정원 지구(Garden District)'와 커낼 가 북쪽인 중앙상업지구(Central Business District)에 주로 모여 살았다. 이 두 주거지 사이에 위치한 커낼 가의 중간 지역은 '중립지대(neutral ground)' 라고 불렸다. 에스플러나드 가는 크리올 지역을 거의 반으로 나누면서 제1지구와 제3지구의 경계선이 되었다. 이민자들은 제3지구(the third municipality) 도시의 동쪽, 즉 에스플러나드 가 중심으로 강 하류 지역에 살았다. 이 지역은

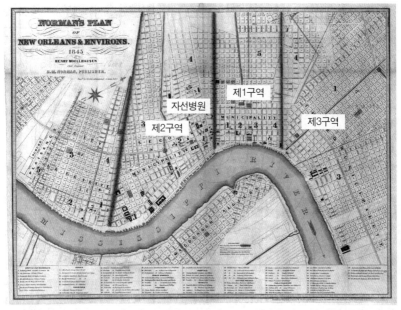

그림 5. 뉴올리언스의 자치지구(1836-1852)
(출처: Henry Möllhausen, Benjamin Moore Norman, and Shields & Hammond. *Norman's Plan of New Orleans & Environs*. [S.l, 1845] Map. https://www.loc.gov/item/98687133/.

다른 지역에 비해 사회경제적으로 하층민들이 거주했고, 도시 중심부에서 가장 멀리 떨어져 있었으며, 하류였기 때문에 "빈곤한 제3지구(The Poor Third)," 혹은 "더러운 제3지구(The Dirty Third)"라는 별명을 가지고 있었다.

세 자치구 사이의 구분은 극명하다고 볼 수는 없지만, 커낼 가를 경계로 하여 대략적으로 '구 뉴올리언스 지역과 신생 뉴올리언스 지역', '프랑스어와 영어,' '다인종 사회와 백인 사회'로 분리되었다고 할 수 있었다. 이러한 자치구별 분리된 자치 체제는 자원 낭비와 도시민들 간의 불화를 초래하였다. 결국 1836년에 시작된 3개의 자치지구 체제는 1852년에 마침내 폐지되었고 도시는 하나의 지배 정부 조직으로 통일되었다.

다섯 번째 자선병원은 〈그림 5〉에서 볼 수 있듯이 제1지구와 제2지구 경계에 세워졌다. 이러한 인종적, 민족적, 사회적, 문화적으로 구분된 구역 사이에 위치한 자선병원은 그 공간적 위치만으로도 확연하게 이분법적인 경계성을 허무는 것이라 할 수 있었다.


## 사람

자선병원의 환자들은 '가장 남부답지 않고 특이한 사람들(unlikely southern and peculiar people)'이었다. 환자들은 민족적, 국가적으로는 다양한 문화적, 언어적 배경을 가진 이질적인 사람들이었다. 그러나 이러한 이질적인 환자들 대다수가 아이러니하게도 사회경제적으로는 육체노동에 종사하는 유럽계 이민이자 백인 남성이라는 점에서 동질성을 보였다. 자선병원 환자들은 서로 이질적이면서도 한편으로는 서로 동질적이었기에 이들 사이를 갈라놓는 경계 역시 매우 가변적이고 불확실했다.

### 1) 이질성

1850년에는 18,476명으로 최대 다수의 환자 수를 기록하였다. 이것은 1847-1850년 사이 유럽 이민들이 몰려들면서 일어난 결과라고 할 수 있다. 1850년 병원보고서에 의하면 전체 환자 중 약 10%만 미국 태생이었고, 이 중 약 15% 미만이 루이지애나 주 출신이었다. 전체 환자수의 약 90%를 차지한 출신 배경은--현재의 국가 구분과는 차이가 있지만,--약 39개 국가나 지역으로 구분되어 기록되어 있다.* 이 중 약 0.6%를 차지한 '알 수 없는 나라'의 환자 수가 104명이나 되는 것으로 보아, 더 많은 국가나 지역 출신들이 자선병원을 다녀간 것으로 짐작된다. 외국인 환자 중 약 79% 이상이 아일랜드(약 67%)와 독일(12%) 출신 이민자들이었고, 이들 이민자들이 도시 빈민의 대다수를 차지하였다. 의사 존 C. 시몬즈(John C. Simonds)은 1851년에 자선병원은 "의학적 관찰을 하기엔 매우 훌륭한 장소인데, 그 이유는 거의

---

* 1850년 기록에 의하면 환자들의 국적은 아일랜드, 독일, 프랑스, 영국, 프로이센, 스코틀랜드, 스위스, 스페인, 포르투갈, 스웨덴, 노르웨이, 덴마크, 네덜란드, 사르데냐, 북미 영국령, 캐나다, 멕시코, 오스트리아, 러시아, 이탈리아, 서인도제도, 몰타 섬, 시칠리아, 벨기에, 폴란드, 중국, 뉴펀들랜드, 동인도 제도, 칠리, 아프리카, 독일 작센, 코르시카 섬, 그리스, 브라질, 세인트 헬레나 섬, 남아메리카, 서부 제도, 러시아령 폴란드, '알 수 없는 나라(unknown countries)'에서 온 것으로 기록되어 있다.

모든 종류의 인간 고통과 거의 모든 종류의 인류의 표본이 있기 때문이다"
라고 지적할 정도였다.

같은 병동에 있는 다양한 국가 및 문화적 배경을 가진 환자 집단 때문
에, 『나일스 국립 기록(Niles National Register)』지에서는 1843년 자선병원은 일
종의 "전 세계인 총회가 열리는 중립지대(a sort of neutral ground, where a general
'congress of nations')"로 묘사하기도 하였다. 이와 유사하게 1859년 『하퍼 주
간지(Harper's Weekly)』에서도 "파란 눈과 옅은 갈색 머리를 가진 앵글로 색슨
계 미국인에서부터 황갈색 태양빛을 띤 열대 지방의 아이까지, 물 흐르듯
혀를 굴리면서 발음하는 이탈리아어에서부터 중국 제국의 후두음의 거칠
함을 가진 언어까지 모든 언어를 구사하는 모든 인류의 국제 박람회"로 묘
사했다. 이상과 같이 마치 자선 병원은 민족지학적 쇼 케이스(showcase)와
같았다.

환자의 다양성을 언급했듯이, 대다수의 병원 환자는 "우리 동네 이웃
(neighbors from our town)"이 아니라 "이방인(outsiders)"으로 간주되었다. 한 예
로 황열병 환자들은 대다수가 이 지역의 3년 미만의 거주자 혹은 방문객
이 많았기 때문에, 황열병은 의도하지 않았지만 "이방인의 질병"이라는 낙
인(stigmatization)이 찍혔다. 그 시대 미국인들에게 뉴올리언스는 "불규칙한
생활, 절제 없이 먹고 사는 것에서의 방탕함, 과대한 신체의 학대 및 노출"
이 많은 곳으로 간주되었다. 마찬가지로 황열병이 "부절제한 습관을 가진
사람들"만 공격한다고 하면서, "해로운 음식(pernicious food, 대표적으로 새우)"에
너무 무리하게 탐닉하는 것이 황열병에 걸리는 주요한 요인이라고 지적하

기도 하였다.

  뉴올리언스는 항구이자 기차 경유지였기 때문에 다양한 질병을 가진 사람들의 이동이 많았다. 질병 역시 풍토병은 물론 유행성 감염병인 이질, 말라리아, 황열병, 성홍열 등이 수시로 보고되었다. 19세기에는 현대와는 다르게 증상에 따라 질병을 구분하였기에 지금과는 다른 질환으로 불리는 경우가 많았다. 예를 들어 열병(fever)으로 분류하여 구분된 것만 20종류에 육박하기도 하였다. 1850년 병원 보고서에 의하면, 단순한 감기에서 "악성 구토(malignant vomit)"에 이르는 220개의 질환을 가진 18,476명의 환자가 자선병원을 찾았다. 이처럼 자선병원의 환자들은 다양한 질환 증상을 호소하는 질환으로도 서로 이질적인 집단이었다.


 2) 동질성

  한편 병원은 도시 빈민들을 위한 '하숙집(boarding house)' 역할을 하였다. 언론인 벤저민 노먼(Benjamin Moor Norman)은 뉴올리언스는 환자 돌봄에 있어 탁월하다고 평가하면서, 병원에 입원하는 것은 그냥 "아프거나 부상을 당하기만 하면 된다"고 지적하였다. 그러나 병원 입원이 누구에게나 쉬운 것 역시 문제라고 지적하면서 무분별한 게으른 사람이 그 이익을 부당하게 이용하고 있다고 한탄하였다. 노먼의 지적은 당시 '천성적으로 게을러 가난한 자,' 즉 '부랑자(paupers)'와 '성실하나 가난한 자', 즉 빈민(the poor)을 구분하여 병원이 '부랑자'에게 무분별하게 이용당하는 것을 우려하는 서구 사회의 사회 문화적 분위기를 반영한 것이었다. 의사 에라스무스 페너(Dr.

Erasmus Fenner)는 1849년 『남부 의학 보고서(Southern Medical Reports)』에서 루이지애나 주를 언급하면서, "현재 자선병원 운영에서 볼 때, 환자 절반은 자선의 대상이 아니므로, 제외되어야 한다"고 지적하였다. 노먼과 페너의 지적처럼 병원 환자들의 대다수는 병원 기본 입장료인 25센트를 지불할 수 없는 빈곤한 무료 환자들이었다.

표 2. 입원 환자별 인종과 성별(1842-1860)

| 인구(%)　　　　　　　　　　연도 | 1842~1860 |
|---|---|
| 백인(White) | 99% |
| 유색인(Colored) | 1% |
| 남성(Male) | 평균 74-84% |
| 여성(Female) | 평균 16-26% |

(출처: Board of Administrator of Charity Hospital, *Report of the Board of Administrator of the Charity Hospital, 1842-3, 1844, 1847, 1848-9, 1850-1, 1852, 1854, 1857, 1858, 1859, and 1860.*)

1859년 『의학 뉴스 및 병원 관보(Medical News and Hospital Gazette)』를 살펴보면, 1832-1861년까지 연 평균 9,189명이 병원을 찾았고, 환자들 중 83%는 퇴원을 하였다. 하지만 치료를 받던 환자의 약 15%는 치료 중에 사망하였다. 이러한 높은 사망률은 대다수 환자들의 질환이 한참 진행된 상태, 거의 마지막 단계인 "사망 상태"에 병원을 찾았기 때문이었다. 다시 말하자면 다국적 및 다문화적 배경을 가진 환자들은 다양한 질병을 가진 환자들이었음에도 모두 공통적으로 질병의 가장 마지막 단계에 병원을 찾았다고 할 수 있다.

앞서 언급한 바와 같이 자선병원의 환자 구성은 다국가적, 다민족적 양상을 뚜렷이 보여주었다. 그러나 〈표 2〉에서 볼 수 있듯이. 성별에서 보면 남성의 비율은 평균 74-84%로 환자의 대다수를 차지하였고, 여성은 전체 환자의 최대 1/4 정도였다. 인종적으로 보면 1847-1860년 동안 진료를 받은 환자의 99%는 백인이었다. 뉴올리언스의 '유색인 대 백인'의 인구 구성에서 보았을 때 이러한 백인 편중 현상은 병원 이용자들이 주로 유럽 이민자들이었음을 짐작하게 한다. 앞서 〈표 1〉에서 볼 수 있듯이 1830년 인구통계에서는 흑인이 전체 인구의 57.3%를 차지했다가 1850년을 정점으로 1850년에 20.4%, 1860년에는 15.3%로 감소하였다. 뉴올리언스의 이런 인구 구성하에서 자선병원의 환자 구성을 볼 때 병원 환자들은 인종적으로 동질(homogeneous)하나 민족적(ethnic)으로는 매우 다양하다는 것을 알 수 있다.

이상에서 고찰한 바와 같이 노예제를 상징하는 대규모 노예시장을 보유하는 남부를 대표하는 도시였던 뉴올리언스의 자선병원의 환자는 '남부 같지 않은' 환자 구성을 보여주었다. 즉 대다수 환자들은 외국 태생의 백인 남성 이민 노동자들이었고, 이런 점은 앞서 프리스트가 지적한 남부적인 모습이 아니라 비남부적, 즉 북부의 모습과 유사하였다. 더군다나 '남부 같지 않은' 환자들이 모인 병원에서는 명확하지 않고 불확실한 '환자-비환자,' '건강함-건강하지 않음' 간의 경계 역시 존재하였다.

# 경계

자선병원의 병원 환경은 '건강함'과 '건강하지 않음'의 정의를 재구성하고 수정해야 했다. 즉 병원 안에서 단순한 이분법이 아니라 서로 혼재된 다면적, 다층적인 실체를 구성했다.

## 1) 치유자 대(對) 치유가 필요한 사람

병원 환경은 '치유자(healer)'가 '치유가 필요한 사람'이 될 가능성이 높았다. 비록 의사나 의대생이 질병에 걸리거나 사망했다는 것을 나타내는 기록은 찾기 힘들지만, 질병, 특히 감염성 질병의 희생자가 되는 것에 대한 두려움은 병원에서의 일상 속에 존재했다. 1851년 장티푸스와 발진티푸스가 자선병원 병동에 퍼졌을 때, 의대생 젭타 맥키니(Jeptha McKinney)는 그의 아내 아델리자(Adeliza)에게 의과대학 교수들이 병원에 가지 말라고 조언했다고 편지를 썼다. 1857년 아델리자에게 보낸 또 다른 편지에서 맥키니는, "거의 쓰러질 지경이다"라고 고백했다. 병원 환자뿐만 아니라 의료진들 역시 감염병에 노출되었고, 의료진 역시 '환자'가 될 가능성이 높았다. 지속적인 감염의 위협이 의사들에게 다가왔고, 그들이 질병에 노출되는 것은 "건강함"과 "건강하지 않음" 사이의 경계를 자주 넘나들 수 있음을 의미했다.

## 2) 건강함 대(對) 건강하지 않음

자선병원 의사 존 시몬즈(Dr. John C. Simonds)는 병원 환자들은 특정 그룹의 사람들이며, 그들 대부분은 병원을 자주 방문하는 사람들이라고 지적했다. 그 예로 1850년 자선병원 총 입원자 18,746명은 개별 개인이라고 가정해서는 안 되고, 같은 사람들이 여러 번 입원과 퇴원을 반복했다고 한탄했다. 1853년의 병원 이사회 보고서에서, 이 병원의 환자들을 '불행한 계급 (unhappy class)'이라고 특정하고, 사회적으로 병원은 '교정소(workhouse)와 병원'의 중간의 위치라고 규정했다. 즉 환자들을 '불행한 비행자(unfortunate delinquents)'라고 부르기도 하였다. 이 보고서에서 병원 의사들은 '부랑자 (paupers)', 즉 '가치 없는 가난한 사람들(the unworthy poor)'이 병원에 입원하는 것이 병원 내에서 '비행'을 일으킨다고 불평하였다. 이들이 지적한 '비행'이란, '처방 받은 의약품 폐기, 아편 중독, 무단 퇴원, 의료행위에서의 방치에 대한 불만' 등을 의미했고, 이 '비행'은 의료계에 큰 영향을 미쳤다. '비행' 중 가장 큰 문제는 암묵적으로 또는 명시적으로 꾀병(feigned sickness)과 관련이 있었다. 꾀병을 부리는 가장 큰 이유는 갈 곳 없는 환자들이 병원에 오래 머무르기 위해 아픈 척 하는 것이었다. 이것은 의료진들을 곤란하게 만들었다. 특히 이들 꾀병 환자들은 아편을 처방받기 위해 있지도 않는 통증을 호소하기도 하였다.

1830년대부터 병원에서는 아편을 상습적으로 복용한 아편 중독 환자가 늘어나기 시작해서 1840년대 들어 더욱 뚜렷하게 그 수가 증가했다. 1840년대 병원 기록에 의하면 많은 환자들이 아편의 한 종류인 아편틴크 (laudanum)나 아편(opium) 중독으로 입원하였다. 19세기 미국에서는 아편, 모르핀(morphine), 또는 때때로 클로로포름(chloroform)과 같은 진통제를 남용하고 있었고, 이런 점에서 환자들은 진통제 처방을 받는 것이 어렵지 않았을 것이다. 1870년 보고서에 의하면 아편을 처방하든지 다른 처방을 하든지 간에 일부 환자들은 의사들이 적절한 치료를 소홀히 하고 있다고 불평하였고, 이에 대해서  의사들은 환자들이 "가짜 질병(presumably pretended maladies)"을 호소하기 때문에 의도적으로 치료를 하지 않았거나 아예 치료가 되지 않는 것이라고 방어하였다. 어떤 종류의 꾀병이라도 환자의 진단과 치료에 있어 의사들의 불안감을 야기하는 것이 사실이었다. 또한 병원 환자의 꾀병은 병원에서의 '건강함'과 '건강하지 않음'이 매우 불안정한 경계임을 보여주는 증거였다.

### 3) 백인성 대(對) 비(非)백인성

백인이 99%였던 병원 환자들은 피부색을 넘어서 흑인 노예들과 비슷한 습성을 보여주었다. 사우스 캐롤라이나(South Carolina) 농장주 케지아 브레버드(Keziah Breward)는, "거짓말은 흑인 체질(constitution)의 일부인 것 같다"라고 사회적 특징을 인종적 본성과 관련시켜 남부 백인들의 전형적인 인종차별적 견해를 피력하였다. 브레바드는 흑인은 남녀 모두 "그들 안에 속임수만 있을 뿐"이고, "어떤 사람들보다도 기만적이고 쉽게 거짓말을 할 수 있다"는 신념을 반복해서 밝혔다. 〈표 2〉에서 볼 수 있듯이 환자의 대부분이 외국 태생의 백인 남성이었기 때문에 19세기 중엽 이 병원 환자의 약 1%만이 흑인이었다. 그러나 남부 사회를 떠받드는 노예제도를 유지하는 신념은 백인 환자들이 대부분인 자선 병원의 운영에서도 널리 받아들여졌다. 사우스 캐롤라이나 주립 의대(Medical College of the State of South Carolina)를 졸업한 모제스 L. 맥클라우드(Moses L. McCloud)는 의과대학 졸업 논문에서 흑인 노예의 질병은 액면 그대로 받아들이지 말고 신중하고 엄격하게 검토되고 검사되어야 한다고 조언했다. 맥클라우드는 일단 의사가 흑인 노예의 질병 주장이 거짓이라고 스스로 확신하게 되면, 의심스러운 환자가 "모순적인 증상과 불만(contradictory symptoms and complaints)"을 설명할 때까지 그들의 상태에 대해 말하도록 동정심을 이용할 필요가 있다고 제안했다. 그는 의료 훈련과 경험을 꾸준히 쌓으면 의사는 쉽게 그리고 성공적으로 그 꾀병을 발견할 수 있을 것이라고 주장하였다. 맥클라우드는 또한 노예주나 의사 등 흑인 노예를 다루거나 돌보는 위치에 있는 사람들은 가식적인 꾀병에 대처하기 위해 "거칠고 불쾌한 치료법(harsh, unpleasant treatment)"을 활용할 것을 조언하였다. 브레바드와 맥클라우드에 의하면 남부 의사들은 흑인 노예 환자의 질병 증상에 대한 호소를 듣고 꾀병을 가려내고 '올바른 진단'을 내려야 할 필요가 있었고, 그 노하우는 그들만의 남부 의사로서 가지는 자산이었다.

흑인 노예들이나 자선 병원의 백인 환자들은 인종적 구별됨에도 불구하고 '꾀병'을 부린다는 점에서 서로 인종 간의 경계를 허물고 있었다. 즉 꾀병 같은 거짓말은 흑인의 '체질'일 뿐 아니라 백인의 '체질'이기도 했다. 이런 점에서 병원의 백인 환자들은 피부색은 백인이면서 사회적 체질상 비백인(non-white)이었던 것이다.

## 가장 남부적인 도시의 비남부적인 환자들

19세기 뉴올리언스의 자선병원은 환자의 개념을 새롭게 세우는 공간이었다. 남부의 병원에서 관찰되고 치료되는 질병은 병리학적 의미뿐만 아니라 사회적, 문화적으로 발명된 질병이었다. 병원에서는 '병원에 입원한 환자'는 '병에 걸린 낯선 사람'일 뿐만 아니라 '사회적으로 아픈 공동체'(즉, 빈민)와 공중보건의 대상이기도 했다. 병원은 의료진과 환자 모두에게 '건강함'과 '건강하지 않음'의 경계를 허무는 장소였다. 궁극적으로 이 공간은 인종적으로 구별되는 노예제를 기반으로 한 남부 사회를 떠받들던 근간을 허무는 공간이었다.

즉 건강과 질병의 개념이 재구성되었으며 궁극적으로 계급과 인종의 경계를 넘나들고 다시 교차함으로써 전환되었다. 병원은 '건강함과 건강하지 않음', '백인성과 비백인성' 간의 이분법적인 구분을 뛰어넘어 남부 사회의 유동적이고 불안정한 구조를 증명하고 있었다. 그 결과 의학적, 도덕적, 사회적, 문화적, 인종적, 민족적 맥락에서 건강함-건전함 또는 건강하지 않음-불건전함이라는 개념이 모호하게 동전의 양면을 구성하였다.

# 정신질환과 자살, 개인과 사회의 이중구조적 시선

이향아
(경상국립대학교 사회학과 조교수)

자살은 극단적인 형태의 사회와의 단절이다. 즉, 나를 둘러싼 수많은

관계를 일거에 끊어내는 행위이다. 그 관계들의 합이 사회를 주조하고,

사회의 동력은 그 관계들에서 나오는 것이다. 우리가 사회 안에서 자살

이라는 극단적으로 '개인적인' 행위에 대해 함께 고민하고 해답을 찾아

가는 노력을 해야 하는 이유이기도 하다.

## 한국의 자살률

2021년 7월 현재, 한국의 자살률은 세계 1위이다. 통계청 통계에 의하면 2021년 11월 현재 한국인은 연간 인구 10만 명당 25.7명이 자살을 한다. 1일 평균 자살 사망자는 35-37명이다. 실제로는 자살을 시도하는 사람들은 사망자보다 20-30배 정도 많다. 보통 대한민국의 지표는 OECD 국가들을 준거집단으로 삼아 한정된 수의 국가와 비교하는데, 이 자살률은 OECD뿐만 아니라, 전 세계에서 1위이다. 얼마 전 미국의 여론조사기관 퓨리서치센터가 한국을 비롯해 17개 선진국 성인 1만9천 명을 대상으로 '자신의 삶을 의미 있게 만드는 가치는 무엇인지'를 물어본 결과, 응답자들이 첫째로 꼽은 가치는 가족(38%)이었다. 이어 직업(25%), 물질적 풍요(19%)가 2, 3위를 차지했다. 그러나 한국인은 조사 대상국 중 유일하게 물질적 풍요를 삶의 가장 큰 의미로 꼽았다. 가족은 물질적 풍요, 건강에 이어 3위에 그쳤다. 이 조사는 2021년 봄에 이루어졌다. 자살률 1위라는 비극과 물질적 풍요가 삶의 1순위라는 상황은 과연 무관할까.

## 자살은 개인의 문제인가, 사회의 문제인가?

〈그림 1〉은 2019년 자살원인별 현황이다. 단일원인으로 정신과적 문제로 인한 자살이 가장 큰 부분을 차지한다. 그리고 경제생활문제, 육체적 질병문제가 뒤를 잇는다. 이렇게 보면 자살은 상당히 개인적인 동기가 작용하는 것으로 보인다. 자살의 의미가 '스스로를 죽인다', '스스로 죽는다'는 뜻이라면, 타인의 의사가 개입하지 않고 스스로의 선택이라는 점에서 자살은 개인의 행위이고 그 결과로 볼 수 있다. 『자살론』으로 알려진 프랑스 고전 사회학자 에밀 뒤르켐(Emil Durkeim)은 "피해자 자신이 일어날 결과를 알고서 행하는 적극적 또는 소극적 행동의 직접적 또는 간접적인 결과로 발생하는 모든 죽음의 사례들"이라고 자살을 정의한다(뒤르켐, 2008: 22). 직접

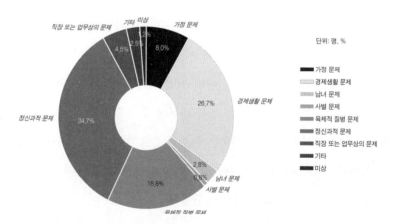

그림1. 자살원인별 현황(2019년) (출처: 통계청)

적이고 간접적이며, 적극적이고 소극적인 행동이라고 하는 뒤르켐의 정의는 개인 단독으로 자살의 원인을 규명할 수 없음을 보여준다.

그러나 근대 이후 자살에 대한 논의에서 대체적인 원인으로 지목되는 것이 개인적 요인이다. 특히 앞에서 살펴봤던 정신과적 문제라고 통칭되는 여러 개인의 정신적 문제에 기인한다는 것이다. 대표적인 원인으로 조병자살과, 우울증, 강박자살, 신경쇠약 등이 있다. 그중 가장 큰 원인으로 우울증이 꼽힌다. 우울이라는 일종의 만성적 심리상태에서 일어나는 자살이라는 것이다. 현재에도 자살에 대한 대부분의 연구는 개인의 정신적인 원인을 분석하고 있다. 그러나 우울증, 고독, 좌절 등과 같은 매우 개인적이고 생리적인 원인들은 개인의 '삶'과 유리될 수 없다. 그리고 결국 개인이 '삶'을 만들고, 만들어지는 '사회'와 유리될 수 없다.

> 개인적인 조건이 자살의 발생에 어느 정도나 영향을 미치는 것일까? 그러한 조건 자체만으로도 상황의 도움이 따른다면 자살을 일으킬 수 있을까? 아니면 그러한 조건은 단순히 개인을 개인의 외부에 존재하면서 자살현상의 유일한 결정적 원인이 되는 힘에 보다 가까이 접근시키는 데 불과한 것인가?
> - 뒤르켐, 위의 책, 57쪽.

개인적 요인들은 개인 외부의 요인들과의 관계 속에서 작동한다고 보는 것이 타당한 것이다.

이 책에서 뒤르켐은 묻는다. '정말 자살이라는 정신병이 존재할까.' 결론적으로 말하자면, 자살은 정신병이 아니라는 것이다. 뒤르켐이 이야기하는 정신질환자가 자살하는 경우는 조병 자살, 우울증 자살, 강박증 자살, 충동적 혹은 자동적 자살인데, 정신질환자의 자살은 동기가 없다는 것이다. 그러나 자살은 동기가 있으며, 그 동기는 현실에서 찾아야 한다. 물론 정신병의 사람과 그렇지 않은 사람 모두 자살을 시도할 수 있다. 그러나 근대 초기 정설로 자리 잡았던 자살은 정신병에 의해서만 일어난다는 논의는 개인의 결정에 영향을 주는 사회문화적인 요인에 대한 깊은 통찰을 수반하지 않았다는 문제점이 있다. 개인이 우울증을 겪고 있다면, 그것이 그 사회의 집합적 경향이기 때문이며, 그것이 개인에게 좀 더 영향을 미치기 때문이다.

뒤르켐은 자살론에서 자살이 왜 정신병이 아닌지를 통계적으로 밝혀낸다. 예를 들면, '정신병원에 수용된 사람들은 여성이 남성보다 훨씬 많지만, 자살의 경향은 남성이 여성보다 높다'든가, 종교, 연령, 알코올 중독, 도시 혹은 농촌에의 거주 등에서의 자살률과 정신질환의 연계성을 통계적으로 검토하고 규칙적이고 명백한 관계가 없다는 결론을 내리는 것이다. 대신 사회적 환경과 자살의 관계는 직접적이고 일정한 규칙이 있고, 각 사회 집단은 각각의 집단적 경향이 있어서 자살에 영향을 준다는 것이다. 개인의 정신적 성향 문제도 특정한 시기에 특정한 사회의 집단적 경향에 영향을 받는다는 것이다. 누군가 개인이 슬프다면 그의 슬픔은 외부로부터 오는 것이지만, 자신이 겪은 개인적인 경험에서라기보다는 자신이 속한 집단 그룹에서 오는 것이라는 말이다. 즉, 자살은 개인의 심리적 요인 때문이 아닌, 그 개인이 속한 사회 공동체의 '집합적 경향(collective disposition)' 때문에 일어나는 일이다. 집합적 경향은 개인에게 외재하는 사회구조의 '통합'과 '강제력'을 의미한다. 여기서 말하는 집단적 경향이라는 것은 뒤르켐에게 있어서 매우 중요한 '사회적 사실'이라는 개념과 상통하는 것인데, 이 사회적 사실은 뒤르켐에게 있어서 곧 사회이고, 그는 사회를 개인 밖에 존재하면서 개인을 구속하는 힘의 작동기제를 가진 어떤 '나름대로 독특한(sui generis)' 실체로 파악했다. 개인을 움직이는 힘의 자기장 같은 것이다.

뒤르켐은 이러한 집단적 경향이 자살의 유형에 영향을 준다고 보았는데, 이기주의적 자살, 이타주의적 자살, 아노미적 자살, 숙명론적 자살 등 네 개의 유형으로 영향을 주게 된다고 말하고 있다. 이기적 자살은 개인이 사회와 통합되지 못하고 사회와 유리된 상태에서 삶의 근거를 사회에서 찾지 못할 때 나타나고, 이타적 자살은 개인이 사회에 지나치게 강력하게 통합되어 개인성은 소멸되고 개인은 사회에 복무할 때만 존재의 근거를 찾게 되는 때 나타난다. 많이 알려진 예로 태평양 전쟁 당시 일본의 가미가제 특공대를 꼽을 수 있다. 아노미적 자살은 개인의 행위에 대한 사회적 강제가 부재할 때 일어나는데, 사회의 산업화 과정에서 두드러진다. 시장의 무정부성이 개인들로 하여금 '각자도생'의 길을 모색하게 하는 사회 상황에서 일어나는 자살이다. 숙명적 자살은 개인에 대한 사회의 강제력이 지나쳐 개인이 제압될 때, 개인의 의지로 사회적 규제를 벗어날 수 없는 경우에 일어나는 자살의 유형이다. 예컨대, 노예들의 자살이다. 한국 현대사회에서 숙명론적 자살을 적용해 본다면, 민주화, 산업화 시기 많은 열사들의 자살 또한 숙명론적 자살로 분류될 수 있을 것이다. 뒤르켐의 견해를 따르면, 자살은 이러한 사회적 사실, 집단적 경향에 의해서 일어나는 결과로 보는 것이 타당하다.


## 정신질환과 자살, 사회의 삼각 연결고리

그러나 자살이 이러한 사회적 경향에 영향을 받는다는 것이 자살과 정신질환의 관계를 제로로 돌려놓기는 어렵다. 그 이유 또한 아이러니하게도 '사회'에 있다. 자살은 개인의 죽음이지만, 사회구성원의 죽음이기도 하다. 사회구성원이 스스로 죽음을 선택했다는 것이 사회적 권력을 잡고 있던 근대 통치자에게는 통치의 정당성을 근본적으로 뒤흔드는 강력한 방해 요인이 된다.

따라서 자살은 통계로 사회에 호명된다. 정보를 통해 누가 왜, 언제, 어디서, 어떻게 죽었는지를 통계화하고, 통계는 자살에 대처하거나 원인을 분석하는 통치의 수단으로 활용된다. 공식통계라는 지표의 허황됨을 논외로 치고라도, 통계를 통해 사회적 담론이 구성되고 전환되는 사실은 놀랍지 않다. 일례로, 일제강점기 자살 통계에 대한 비판적 분석을 한 연구를 통해 일제강점기에 자살 사망자가 계속 늘어가는 통계를 작성하고 대응하는 것이 경찰의 주요 업무 중 하나였음을 알 수 있다(정승화, 2019). 당시 경찰을 비롯한 식민당국은 자살의 증가를 사회의 문명화와 연결시키려는 시도를 했다. 실제로 당시 지식인들의 자살이 신문기사를 통해 알려지기도 했을 뿐만 아니라, '사회'에 대한 지각과 문명화된 사회에 대한 부적응의 결과로 자살을 맥락화했다. 그 이면에는 조선사회보다 일본사회에서의 자살률이 훨씬 높았다는 사실도 작용했다. 그러나 강점기 중후반에 들어서면서 자살의 통계에서 '경제고'가 가장 큰 원인을 차지하게 되자, 식민 당국의 자살에 대한 입장이 전격적으로 전환된다. 식민 당국은 경제고로 인한 자살에 대한 '식민통치'의 책임과 비난을 잠재우기 위해 '정신착란'이라는 요인을 자살의 요인으로 강조하기 시작했다. 즉, 조선인들은 정신착란에 의해 자살하는 경향이 매우 높다는 것이다. 사회의 강제력에 의해서 '문명화된 사회'에서 개인적·심리적 요인(정신착란)으로 자살의 원인이 전환된 것이다.

이러한 경향은 비단 일제강점기에 그치지 않는다. 자살과 사회가 연계되는 순간, 정부의 책임과 부담은 커지게 마련이다. 해방 이후에 자살의 원인을 염세, 실연, 기타 세 가지 요소로 나누게 되는데, 이는 개인의 정신적 문제를 최대 요인으로 파악하고자 했음을 보여준다. 특히, 1960년대 이후 '비관'에 의한 자살의 빈도가 높아지고, 2009년부터 경찰의 자살 분류에 '정신적, 정신과적 문제'라는 항목이 들어가면서, 자살의 정신질환과의 연결고리는 더욱 부각되었다. 자살의 80-90%가 우울증이라는 정신과적 증상에 의한 것이라고 주장하는 논의가 바로 여기에 해당한다.

## 자살의 의료화

　우울증은 정신과적 치료를 받아 치료될 수 있는 의료적 행위의 대상이다. 정신의학의 발달은 독일인 정신과 의사인 에밀 크레펠린(Emil Kraepelin 1856-1926)이 환자별 증상을 기록해 정신질환을 13개로 분류하고 이에 따른 과학적인 연구와 치료법을 개발하면서 본격적으로 '의학'의 영역에 자리잡아갔다. 정신의학의 비약은 특히 2차 세계대전 이후 프로이드의 정신분석학이 중산층 사회에서 크게 각광을 받고, 약물학, 유전학 등의 생물학이 발달하고, 마음과 감정이 신체에 영향을 준다는 심신의학이 발달하면서 이루어졌다. 특히 현대인들의 우울증이 정신의학에서 주요 치료 대상이 되었다. 여기에는 항우울제를 장악하고 있는 거대 제약회사들의 이권 개입도 큰 몫을 하고 있다. 따라서, 우울증에 의한 자살은 정신의학에서 다루어야 하는 '정신과적 문제'임이 강조되고 있는 실정이다. 이러한 현상을 '자살의 의료화'라고 부를 수 있다. '의료화(medicalisation)'란 "전통적으로 비의료적 영역으로 인식되었던 삶의 여러 부분이 의료 용어로 정의되고 다루어지는 현상을 의미한다.(Conrad&Schneider, 1980; 김재형&이향아, 2020:855)". 자살이 사회병리적인 현상인 사건으로 분석되는 것이 아니라 개인의 정신적인 문제로 치환되어, 의료의 영역으로 대상화된 것이다. 이와 비슷한 예로 여성의 출산이 삶의 경로에서 보이는 일련의 '사건'이 아닌, 병원에서 치료해주어야 하는 의료적 행위의 대상이 되는 것을 들 수 있다. 의료화의 경향은 '일탈'로 간주되는 행위에 집중되기 쉽다. 동성애, 자살, 자폐, 난임, 못

생김 등을 비정상화하고 일종의 '일탈'로 간주하여, 이들을 의료적 치료의 대상화로 삼고 있다. 여기에는 한편으로는 과학의 기술이 생명을 관리할 수 있다는 생명과학적 경향도 작용하고 있다.

## 정신질환과 자살의 관계성을 재고하며

심리부검이라는 것이 있다. "자살 사건이 일어난 이후 고인과 연관된 가족, 친구, 이웃, 직장동료, 목격자, 심지어는 사회서비스 제공자(상담사, 담당 의사, 사회복지사 등) 등으로부터 얻은 구술 정보와 유서, 편지, SNS 기록물, 상담 기록물, 경찰 조사자료 등의 모든 물리적 정보들을 수집하고 분석함으로써 자살 여부와 자살 원인을 파악"하는 사망 원인 분석 방법으로, 개인의 심리적 분석뿐만 아니라 사회적, 문화적 분석을 통해 자살의 동기를 설명한다(강준혁, 2014: 536). 국내에서 심리부검은 특히 군의문사진상규명 등 자살의 원인과 동기를 명백히 가려내야 하는 경우에 많이 활용된다. 자살의 원인을 두고 유족이 집단 혹은 사회와 대치하는 경우에 특히 이 방법이 효과적일 수 있다. 개인의 심리적 상태를 자살의 전적인 동기로 치부하는 경향에서 벗어날 수 있는 객관적 분석 방법으로 심리부검이 활용될 수 있으나, 아쉽게도 현재까지 우리나라의 경우 심리부검의 결과는 정신장애로 귀결되는 것이 대부분이다.

그러나 자살은 극단적인 형태의 사회와의 단절이다. 즉, 나를 둘러싼 수

많은 관계를 일거에 끊어내는 행위이다. 그 관계들의 합이 사회를 주조하고, 사회의 동력은 그 관계들에서 나오는 것이다. 우리가 사회 안에서 자살이라는 극단적으로 '개인적인' 행위에 대해 함께 고민하고 해답을 찾아가는 노력을 해야 하는 이유이기도 하다.

# 전염병의 시대 환자의 경계*
### — 슈퍼면역, 무증상 감염, 감염병 의심

정세권
(경희대학교 인문학연구원 HK연구교수)

\* 이 글은 "전염병 시대 공중보건을 위한 과학과 법의 의미", 『비교한국학』 30권 2호,
107-119쪽의 내용을 일부 수정, 보완한 것임을 밝힌다.

'병이 든' 환자의 경계는 무엇인가? 병원체에 노출되지 않아 증상을 보이지 않는 건강한 사람과 환자의 경계는 분명해 보인다. 반면 환자와 슈퍼면역, 무증상 감염, 증상 이전 단계의 감염자, 감염병의심자는 동일선상의 다른 위치에 있는 것처럼 보인다. 감염되어 증상이 나타나는 한쪽 끝에 '환자'라는 존재가 있다면 나머지는 건강한 사람이라는 다른 끝으로 향하는 선상의 여러 지점에 위치한다는 것이다.

## 전염병의 시대 환자란?

2019년 말 최초의 환자가 확인된 이래 어느덧 3년째 코로나19 대유행이 지속되고 있다. 2022년 10월 21일 기준 전 세계 확진자는 5억 9천만여 명에 이르러 그중 652만여 명이 사망했고, 국내에서는 2,531만여 명 확진자 중 2만 9천여 명이 사망했다.* 2022년 들어 세계적으로는 확진자와 사망자가 점차 줄어들고 있고, 이런 추세를 반영하듯 미국, 영국, 프랑스 등 일부 국가는 마스크 착용이나 '백신 패스'와 같은 방역지침을 완화하기 시작했다. 국내의 경우 지난 2월 중순 이후 확진자와 사망자가 급격히 늘어났다가 3월을 정점으로 점차 감소했으나, 최근 다시 증가하고 있다. 그 가운데 정부는 경제불황과 시민 불편에 대한 우려, 이제는 일반 독감처럼 대응해야 한다는 현실적 판단 등으로 관련 규제를 서서히 완화하고 있다.

아직 종식되지 않은 전염병의 시대에 이를 극복할 지침과 규제를 해제

---

\* 질병관리청 홈페이지 http://ncov.mohw.go.kr/ (2022. 10. 24. 최종접속)

하는 것은 그만큼 마스크 착용이나 격리·검사·치료, 사회적 거리두기, 백신 패스와 같은 조치들이 많은 불편과 논란의 대상이 되었음을 방증하는 것이기도 했다. 언론에 보도된 생활 속 불평불만들과 함께, 이런 지침들이 헌법상 보장된 개인의 권리를 침해한다거나 더 많은 불평등을 초래한다는 우려가 있었다. 각종 집회의 자유가 '방역'이라는 이름으로 제한되고, 수용시설 장애인과 독거노인, 돌봄노동 여성 등 사회적 약자와 소수자가 더 많은 위험에 노출됨에도 충분히 보호받지 못하며, 환자나 밀접접촉자의 개인정보가 유출되거나 이동의 자유가 과도하게 제약받을 수도 있다는 것이었다. 이런 방역 방침들은 「감염병의 예방 및 관리에 관한 법률」(이하 「감염병예방법」)을 근거로 한 것이지만, 해당 법률이나 시행령의 효과와 한계에 대한 지적도 꾸준히 제기되었다.

아직 치료제가 널리 사용되고 있지 않은 상황에서, 코로나19에 대응할 방법은 확진되었거나 의심 증상이 있는 사람을 조기에 발견, 검사, 격리, 치료하는 '사후적인 대처'와 마스크 착용, 사회적 거리두기, 백신 접종과 같은 '사전적인 조치'였다. 그러나 공동체를 보호하기 위한 이런 조치들은 개인의 권리를 일정 정도 제약할 수밖에 없고, 이를 얼마만큼 용인할 것인지를 두고 다양한 의견들이 존재한다. 공동체의 선을 지키거나 '최대 다수의 최대 행복'을 위해서라면 정당하다는 입장, 사회 전체나 다수의 이익을 위한다 하더라도 개인의 자유와 자율성을 부당하게 침해해서는 안 된다는 주장, 일정한 조건 아래에서는 부분적으로 정당화될 수 있다는 의견 등이 그것이다. 혹자는 팬데믹의 위기에서 공동체의 안전을 지키기 위해서는,

개인 사이의 관계를 전제한 전통적인 '해악의 원리(harm principle)' 개념을 확장할 필요가 있으며, 나아가 전염병을 전파할 해악이 확률적으로 존재하기 때문에 리스크 개념을 적극적으로 고민해야 한다고 강조했다. 이 주장에 따르면 "공중보건 위기 속 '불특정한 인구집단 구성원에 대한 확률적 해악'이라는 특성을 포착하는" "인구집단에 대한 리스크(risk to population)" 개념이 필요하다는 것이다.*

또한 공동체를 위해 개인의 권리를 제한하는 문제는 이를 사회구성원과 어떻게 소통할 것인지, 즉 위험에 대해 어떻게 커뮤니케이션을 할 것인지와도 관련된다. 특히나 코로나19처럼 과학적으로 불확실하고 예측 불가능한 위험이 발생했을 때 이에 효과적으로 대응하기 위해 어떻게 소통할 것인지가 중요해진다. 정부는 2017년 '공중보건 위기소통 표준운영절차'를 마련했는데, 이에 따르면 감염병이 발생하였을 때 '신속', '정확', '투명', '신뢰', '공감'의 5대 원칙 아래 국민과 원활하게 소통해야 한다고 강조했고,** 코로나19 대유행 상황에서 정부는 이런 원칙에 근거하여 대국민 소통을 추진했다. 이에 대해 과거 메르스 사태와 비교했을 때 질병관리청의 일일 브리핑을 비롯하여 신속하고 투명하게 관련 정보를 제공함으로써 정부의 위험 커뮤니케이션 방식이 개선되었다는 긍정적 평가도 있었지만, 마

---

* 유기훈, 김도균, 김옥주, 「코로나19 공중보건 위기 상황에서의 자유권 제한에 대한 '해악의 원리' 의 적용과 확장-2020년 3월 개정 『감염병의 예방 및 관리에 관한 법률』을 중심으로」, 『의료법학』 21-2, 2020, 105-162쪽.
** 질병관리본부, 『공중보건 위험소통 표준운영절차(SOP)』 (2nd edition), 2018.

스크 착용을 둘러싼 메시지의 혼란, 개인의 민감한 정보가 그대로 노출되었던 점 등에서 한계를 보이기도 했다.

그런데 전염병의 시대에 공동체를 위해 개인의 권리를 정당하게 제한하거나 그 과정에서 사회구성원들이 원활하게 소통하기 위해서는 한 가지 전제가 필요하다. 바로 '전염병에 감염되어 증상이 나타난 환자를 어떻게 규정하고 확인할 것인가?' 하는 문제이다. 전염병 감염에 수반되는 신체적, 정신적 증상이 나타나면 환자인가? 전염병의 원인인 병원체가 여러 검사를 통해 신체 내에서 존재한다는 사실만 확인되면 환자로 볼 수 있는가? 아니면 이 두 가지 조건을 모두 만족해야 하는가? 이 글은 환자를 확인하고 격리, 치료하는 것이 최우선의 과제인 전염병의 시대에 환자란 어떻게 규정할 수 있는지 역사적 사례와 코로나19 경험을 통해 살펴보고자 한다.


## 감염병 감염과 '슈퍼면역'

2022년 3월 2일 『가디언』(Guardian)은 2021년부터 시작된 '휴먼챌린지실험(Human Challenge Trials)' 결과를 소개했다. '휴먼챌린지실험'이란 특정 감염병이 신체 내에서 진행되는 과정을 이해하고 이에 대응할 백신이나 치료제를 개발하기 위해, 기존 임상실험과 달리 건강한 자원자에게 고의로 병원체를 감염시키는 실험을 말한다. 후보물질을 찾아 동물실험을 진행하고 인간을 대상으로 1상부터 최소 3상까지 임상실험을 진행하는 전통적 방법과 달리, '휴먼챌린지실험'은 전염병이 대유행하는 시기에 여러 절차를 축약하고 임상실험을 빠르게 진행하여 결과를 신속히 확인할 수 있지만, 확실한 치료제도 없는 전염병에 일부러 걸리도록 하는 것이기에 위험하고 비윤리적이라고 비판받기도 한다.

이런 논란과는 별개로 『가디언』이 보도한 내용은 작년 3월부터 진행된 실험에서 자원자 34명 중 16명이 '슈퍼면역'을 보였다는 것이었다. 코로나바이러스가 노출된 환경에 두거나 일부러 바이러스를 주입했는데도, 16명의 자원자는 아무 증상을 보이지 않았고 PCR 검사나 혈액검사에서도 양성반응이 나타나지 않았다. 연구진들은 코로나바이러스에 대해 저항력을 가지게 하는 특정 유전적 변이가 있지 않을까 추측하면서, 그렇다면 감염이 되더라도 무증상에 그칠 수 있다고 설명했다. 나아가 이런 '슈퍼면역'에 대한 연구가 향후 코로나 감염 경로와 치료법을 찾는 데 도움이 될 것이라고 기대했다.

'슈퍼면역'이 가능하다는 점 외에 이 실험에서 주목할 것은, 병원체가 인체에 들어왔을 때 항상 '감염'되거나 '증상'이 나타나는 게 아니라는 사실이다. 『표준국어대사전』에 따르면, '감염'은 '병원체인 미생물이 사람이나 동물, 식물의 조직, 체액, 표면에 정착하여 증식하는 상태'를 말하며, 그로 인해 개체에서 평상시와 다른 어떤 변화가 발생하는 것이 '증상'이다. 그렇다면 『가디언』이 보도한 실험에서 '감염'은 코로나바이러스에 노출된 자원자의 몸속에서 똑같은 바이러스가 증식하는 것이고, '증상'은 바이러스로 인해 평상시와 다른 신체적 변화가 나타나는 것이다.

그런데 이번 실험은 코로나바이러스에 노출되었다고 하더라도, '감염' 여부는 사람에 따라 즉 특정 유전적 변이 여부 등 개인의 특성에 따라 다를 수 있다는 것, 그리고 감염되었다고 하더라도 '증상'이 나타나지 않을 수 있다는 것을 말해준다. 완전히 통제된 실험실 환경에서도 '슈퍼면역'이라는 불확실성이 존재할 수 있다면, 실험실 밖 수많은 변수가 존재하는 환경에서는 더욱 그럴 것이다. 언론에 보도되는 것처럼 자가진단키트나 신속항원검사, PCR 검사 결과가 서로 다를 수 있고, 시간이 지남에 따라 한 가지 검사에서도 음성과 양성이 바뀌기도 한다. 코로나바이러스에 '감염'되었다 하더라도 사람에 따라 증상을 보일 수도, 보이지 않을 수도 있고, 그 증상의 양태나 중증도도 각양각색이다. 그렇다면 이번 휴먼챌린지실험은 병원체에 의한 감염과 증상이 절대적이지 않을 수 있다는 불확실성을 '슈퍼면역'이라는 다소 희망적인 용어로 제시한 셈이다. 동시에 이런 모호함은 전염병의 시대 감염과 증상이라는 기준만으로 어떤 개인을 환자라고 규정하는 것이 쉽지 않을 수도 있음을 암시해 준다.


## 무증상 감염자는 환자인가 - '장티푸스 메리'

전염병 감염에 관한 확인이 불확실하고 유동적일 때 우리는 어떤 질문을 해야 하는가? 역사를 돌이켜보거나 지난 3년의 코로나19 대유행 시기

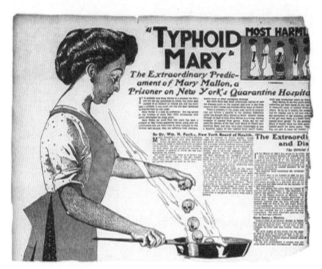

그림1. 1909년 *New York American*에서 묘사된 메리 맬런
(출처: https://en.wikipedia.org/wiki/Mary_Mallon#/media/File:Mallon-Mary_01.jpg)

에 '누가 환자인가'를 둘러싼 결론이 모호하기도 했던 상황을 떠올려 보자. 그 한 가지 사례가 '무증상 감염'이라는 개념인데, 이를 둘러싼 논란은 백여 년 전 미국에서 있었던 '장티푸스 메리' 사건에서도 확인할 수 있다.

'장티푸스 메리(Typhoid Mary)'는 메리 맬런(Mary Mallon, 1869~1938)을 가리키는 별명이었는데, 그녀는 북아일랜드 출신으로 1884년 미국으로 건너온 미혼 여성이었다. 당시 대다수 이민자가 그러했듯 메리 맬런은 허드렛일로 생계를 유지했는데, 특히 요리에 재능을 보여 부유한 가정집에 떠돌며 음식을 만들고 가사를 도왔다. 1900년부터 뉴욕의 여러 가정집에서 일하던 그녀는 1906년 8월 여름 휴가를 떠난 부유한 은행사업가의 집에서 잠시 요리를 했는데, 그녀가 머물던 시간 동안 11명의 가족 중 6명이 장티푸스에 걸렸고 사망자까지 발생했다. 이 사건의 조사를 맡은 뉴욕주 공중보건국 조지 소퍼(George Soper)는 역학조사 결과 새로운 요리사 메리가 일하던 때와 장티푸스 발생 시기가 일치한다는 사실을 주목했고, 그녀의 과거 행적을 추적했다. 그리고 지난날 메리가 일했던 가정과 주변 지역에서 22명의 장티푸스 환자가 발생했고 그중 1명이 사망했다는 사실을 확인했다. 소퍼는 잠적한 메리를 체포하고, 그녀의 대변에서 장티푸스 병원체인 살모넬라균을 확인했다. 이후 메리는 구금, 격리, 석방, 잠적, 두 번째 체포와 구금을 반복하다가 1938년 69세의 나이로 사망했다.[*]

메리 맬런 사건은 당시 떠들썩하게 알려졌는데 그 이유는 두 가지였다. 첫 번째는 그녀가 전파했다고 의심받은 장티푸스가 아주 심각한 전염병이었기 때문이다. 장티푸스는 살모넬라균에 오염된 음식물이나 물을 섭취할 때 걸리는 전염병인데, 환자나 보균자의 대소변 혹은 그들이 부주의하게 다룬 음식물을 통해서도 전파될 수 있었다. 뚜렷한 예방책이나 치료제가 없던 당시 심각한 복통과 발열을 일으키고 심지어 사망에 이르게 하는 장티푸스는 그 자체로 공포의 대상이었다. 이런 상황에서 장티푸스를 퍼뜨리는 사람으로 지목된 메리의 사례는 언론에 대서 특필되었고, 자극적인 삽

---

[*] 메리 맬런에 대해서는 Judith Walzer Levitt, *Typhoid Mary: Captive to the Public's Health* (Putnam Publishing Group, 1995); 수전 캠벨 바톨레티, 곽명단 옮김, 『위험한 요리사 메리』 (돌베개, 2018)를 참고하라. 영상으로는 Levitt의 책을 바탕으로 제작한 「The Most Dangerous Woman in America」, 『PBS』(2012)가 있다.

화 및 "미국 역사상 가장 위험한 여자"와 같은 오명과 함께 널리 알려졌다.

또 다른 이유는 살모넬라균을 가지고 있었지만 정작 아무 증상을 보이지 않았던 메리의 경우가 미국에서는 낯선 '무증상 보균자'라는 의학적 개념을 제시했기 때문이다. 당시는 근대적 실험의학과 세균학이 발전하면서, 전문가뿐 아니라 일반 대중들 사이에서도 세균을 여러 감염병의 원인으로 간주하던 때였다. 이는 곧 '세균에 오염된 물건 혹은 사람은 곧 질병의 원인이자 전파자'라는 등식으로 이어졌는데, 메리는 이에 맞지 않는 사례였다. 병원균을 갖고 있었으나 증상을 보이지 않은 메리의 상황은 장티푸스의 전파 경로를 파악하는 데 혼란을 주었을 뿐 아니라, 당시 의학적 지식으로 이해하기도 어려웠다. 이런 상황에서 메리는 '정작 나는 아프지도 않은데 병균을 지녔다는 의심만으로 왜 구금, 격리되어야 하는가?'라면서 제법 설득력 있게 항변했고, 이에 맞서 조지 소퍼와 같은 전문가들은 '무증상 보균자'라는 낯선 개념을 정당화하려고 애쓰면서 이 사건은 세간의 주목을 받았다.

그동안 '장티푸스 메리' 사건은 이민자이면서 극빈층의 미혼 여성에 대한 과도한 인권침해 혹은 공중보건을 위해 부당하게 희생당한 사례로 평가되었다. 무엇보다 당시 메리 외에 '무증상 보균자'로 의심받은 다른 사람들이 있었지만, 그들은 메리와 똑같은 전철을 밟지 않았다. 그녀는 강제로 체포, 구금되었고 검사를 위해 일주일에 몇 번씩 대소변 및 혈액을 억지로 제공해야 했으며, 병균이 군집해 있다고 의심받은 쓸개를 제거하자는 협박도 받았다. 장티푸스를 연구한다는 명목으로 효과와 위험이 불분명한 임상시험에 동원되었으며, 1915년 두 번째로 체포된 뒤에는 죽을 때까지 노스브라더섬(North Brother Island)에 격리되었다. 그러나 메리처럼 '무증상 보균자'로 의심받았던, 수십여 명이 넘을 것으로 추정되는 중상류층 이상의 남성들은 아무런 제재나 처벌을 받지 않았다. 이민을 온 가난한 미혼여성이었기에 메리는 더욱 가혹한 대우를 받아야 했고, 언론 역시 전염병의 원흉이라는 식으로 낙인을 찍을 수 있었다는 것이다.

그런데 메리 맬런 사건에서 주목해야 할 또 다른 점은 '무증상 보균자'라는, 당시로선 불확실했던 개념 때문에, 강제적이고 폭력적인 수단을 동원할 수밖에 없었다는 것이다. 다시 말해 19세기 후반 미생물학이 비약적으로 발전했어도 공중보건 분야에서는 이런 최신 과학이 압도적 우위를 점하지 못했고, 전염병을 이해하는 관점과 실제 행위들에는 여러 이견이 존재했다. 메리의 사건에 대해서도 미국공중보건협회(American Public Health Association) 회장을 지낸 새핀(Charles V. Chapin)이나 하버드 대학교의 공중보건 전문가 로스노우(Milton S. Rosenau)는 메리가 장티푸스를 전파하는지 과학적으로 확실하지 않으며 구금은 지나치다고 비판했다. 또한 소퍼가 제시한 검사 결과와 달리 메리가 외부의 도움을 받아 검사한 결과는 정반대였다. 메리가 병균을 가지고 있는지, 그렇다고 해도 장티푸스를 퍼뜨리는지는 과학적으로 명료하지 않았던 것이다. 그렇지만 소퍼와 같은 전문가들은 '무증상 보균자'라는 낯선 개념을 적극적으로 주장하면서 메리를 장티푸스 확산의 원인으로 지목하는 데 주저함이 없었고, 언론에 묘사된 그녀에 대한 낙인과 부정적 이미지를 활용하면서 행정 권력을 동원했다. 공중보건 분야에서 실험실 과학의 지위와 역할에 대해 의견이 분분했던 당시, "분명 실험실이 이론적인 측면이나 20세기 초 공중보건 활동의 주류가 되었지만, 그렇다고 실험실이 대중들을 전염병으로 보호하기 위해 노력하는 공중보건 활동가에게 모든 답을 제공할 수는 없었다."*

전염병을 퍼뜨릴 병균을 몸속에 지니고 있지만 정작 본인은 아프지도 않은 메리 맬런은 장티푸스 환자로 볼 수 있을까? 아니면 환자는 아니더라도 지역 공동체에 해를 끼칠 수 있는 위험하고 불손한 인물이었을까?


## 코로나19 시대 무증상 감염과 감염병의심자


메리 맬런의 사례에서 등장한 '무증상 감염'이라는 개념은 코로나19가 유행하던 초창기 국내외에서도 쟁점이 되었다. 2020년 1월 20일 중국에서 들어온 입국자 중 한 명이 입국 당시 무증상이었다가 일주일 뒤 증상을 보이고 확진되었다. 문제는 그동안 이 확진자는 아무런 제한 없이 일상생활을 했고 그로 인해 추가 감염이 이어졌는데, 이를 두고 방역 당국의 무능과 안일함을 질타하는 여론이 들끓었다. 그런데 이런 사례는 외국에서도

---

\* 　Judith Walzer Leavitt, ""Typhoid Mary" Strike Back: Bacteriological Theory and Practice in the Early Twentieth-Century Public Health," *Isis* vol. 83, no. 3 (1992), pp. 608-629. 인용은 p.629.

종종 확인되었기에, 무증상 감염자가 얼마나 전파력을 가지는지는 국제적으로도 관심사였다. 이에 1월 28일 WHO 대변인은 '과학적으로 아직 확실한 증거는 없지만' 무증상 감염자도 코로나19를 전파할 가능성이 있다고 인정했다. 무증상 감염자의 입국을 사전에 막지 못했다고 비난받았던 질병관리청은 이런 WHO의 의견에 대해 공식문건에 나오지 않은 추측이며 과학적 근거가 없다고 대응했지만, 비슷한 사례들이 해외에서 속속 확인되면서 WHO는 2월 3일 종전의 입장을 재확인했고, 질병관리청도 이를 인정하기에 이르렀다.

무엇보다 무증상 감염과 '아직 증상이 나타나지 않은 상태'를 어떻게 과학적으로 판단할지 불확실한데, WHO는 이를 다음과 같이 설명했다.

> 두 용어 모두 증상을 가지고 있지 않은 사람을 가리킨다. '무증상'(asymptomatic)은 감염되었으되 아무런 증상을 전혀 보이지 않는 사람을 말하며, '증상 이전 단계(pre-symptomatic)'는 감염은 되었는데 아직 증상을 보이지 않다가 나중에 증상이 나타나는 사람을 의미한다는 차이점이 있다.

WHO에 따르면, 무증상과 '증상 이전 단계'는 감염 이후 증상이 나타날 때까지 연속적인 시간대에 존재하는데, 특정 시점에 무증상인지 아니면 '증상 이전 단계'인지를 확증하기란 쉽지 않다는 것이다.

코로나 감염과 증상을 둘러싼 모호함은 메리 맬런의 사례와 마찬가지로 무증상 보균자가 전염병을 전파하는지에 대한 불확실성과도 연결되었다. 이는 코로나19 유행 초기 해외 입국자를 대상으로 한 검사와 격리지침에서 드러난 혼란함에서도 확인되었다. 처음 무증상과 전염력 사이의 상관관계를 고려하지 못했던 방역 당국은 증상만 없으면 입국을 허용했다. 그러다가 3월 17일 방역 당국은 '특별입국절차'를 적용하여 모든 입국자에게 '건강상태질문서', '특별검역신고서'를 작성하도록 했고, 국내 체류 주소 및 연락처 제출, 자가진단앱 설치, 발열 체크를 의무화했다. 뒤이어 한층 강화된 방침들이 발표되었는데, 3월 22일에는 중국 및 유럽발 입국자의 2주간 자가격리 의무화, 3월 27일 미국발 입국자 그리고 4월 1일에는 모든 입국자에 대해 2주간 자가격리를 의무화했다.

그렇다면 소위 '걸어다니는 폐렴(walking pneumonia)'*이나 '숨은 전파자'**처럼 무증상이거나 증상을 오인하고 방역지침을 위반했을 경우 어떻게 규제할 것인가? 무증상이나 '증상 이전 단계'에서도 전염 사례가 확인된다는 연구들도 나오고 있지만, 공식적으로 WHO는 "증상을 전혀 보이지 않더

---

\* '걸어다니는 폐렴'이란 원래 미미한 폐렴 증상이 있으나 병원 치료까지는 필요하지 않은 사람을 일컫는데, 코로나19 유행 이후 아무 증상 없이 혹은 미미한 증상을 느꼈더라도 무심코 일상생활을 하다가 추후 확진된 사례로 언급되었다. Chaisith Sivakorn et al., "Case Report: Walking Pneumonia in Novel Coronavirus Diseaes(Covid-19): Mild Symptoms with Marked Abnormality on Chest Imaging," *American Journal of Tropical Medicine and Hygiene* 102(5) (2020), pp. 940-942.

\*\* '숨은 전파자'는 고의로 증상을 숨기거나 감기로 오인한 채 평상시처럼 생활하다가 다른 사람을 감염시키는 사례를 일컫는다. 특히 자가진단키트로 간단하게 검사를 할 수 있게 되면서, 출근이나 등교 등 일상생활을 위해 고의로 감염과 증상을 숨기는 경우가 많아졌다고 한다. 「10명 중 3명은 '가짜 양성', 못 미더운 신속항원검사, 숨은 확진자 방관」,《머니투데이》 2022.2.11; 「신규확진 60만명대, 숨은 확진자 '샤이 코로나'에 방역 구멍」,《이투데이》 2022.3.18.

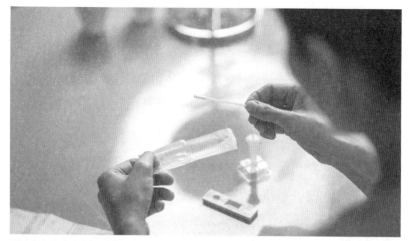

전염병의 시대 병원체에 감염되어 증상을 보이는 환자(혹은 확진자)는 그 자신뿐 아니라 공동체 전체의 안전을 위해 격리되고 치료되어야 할 존재로 간주되었고, 코로나19 대유행 때에도 마찬가지였다.

라도 몇몇 사람들은 바이러스를 다른 이에게 전달할 수 있지만, 이것이 얼마나 자주 발생하는 일인지는 분명하지 않고 더 연구가 필요하다"고 밝히고 있으며, 질병관리청의 입장도 이와 비슷했다.* 그렇다면 감염이나 증상 여부와 상관없이 모든 입국자를 일시 격리하는 것은 공동체를 위한 최소한의 선제적 조치이지만, 그렇다고 격리된 모든 사람들을 환자라고 확정할 수는 없는 것이었다.

나아가 "감염병의심자"는 어떠한가? 2010년 12월 「전염병예방법」에서 이름이 바뀐 「감염병예방법」은 코로나19 대유행 이후 20여 차례 개정되었는데, "감염병의심자"를 다음과 같이 규정하고 있다.

> 15의2. "감염병의심자"란 다음 각 목의 어느 하나에 해당하는 사람을 말한다.
>
> 가. 감염병환자, 감염병의사환자 및 병원체보유자(이하 "감염병환자등"이라 한다)와 접촉하거나 접촉이 의심되는 사람(이하 "접촉자"라 한다)
>
> 나. 「검역법」 제2조 제7호 및 제8호에 따른 검역관리지역 또는 중점검역관리지역에 체류하거나 그 지역을 경유한 사람으로서 감염이 우려되는 사람

---

* WHO Q&A on COVID-19 and related health topics,
  https://www.who.int/emergencies/diseases/novel-coronavirus-2019/question-and-answers-hub/q-a-detail/coronavirus-disease-covid-19-how-is-it-transmitted (2022. 3. 22. 최종접속); 질병관리청, http://ncov.mohw.go.kr/faqBoardList.do?brdId=3&brdGubun=38 (2022. 3. 22. 최종접속).

다. 감염병병원체 등 위험요인에 노출되어 감염이 우려되는 사람


코로나19는 대유행 이전인 2019년 12월 개정된 「감염병 예방 및 관리에 관한 법률 시행규칙」(이하, 「시행규칙」)의 전염병 분류기준에 따라 1급 전염병으로 분류되었는데, 1급 전염병은 "생물테러감염병 또는 치명률이 높거나 집단 발생의 우려가 커서 발생 또는 유행 즉시 신고하여야 하고, 음압격리와 같은 높은 수준의 격리가 필요가 감염병"이다(「시행규칙」 제2조 제2항). 그리고 2020년 1월 국내 첫 확진자가 발생하고 난 직후인 3월 4일 「감염병예방법」을 일부 개정하면서 "감염병의심자" 조항을 신설했다. 그런데 예전부터 있었던 "감염병환자", "감염병의사환자", "병원체보유자"는 「시행규칙」 별표2 "감염병환자등의 진단기준"에서 진단 방법을 상세히 규정했으나, "감염병의심자"에 대해서는 제시된 것이 없다. 다시 말해 「감염병예방법」의 법조항 외에 "감염병의심자"를 판단할 구체적인 기준이 없다는 것이다.

법률적 모호함과는 별개로 "감염병의심자"를 과학적으로 확인하는 것은 무증상이나 '증상 이전 단계'보다 훨씬 어렵다. 확진자나 의사환자, 병원체보유자와 접촉했더라도, 이후 과학적 검사나 진단조차 시행되지 않은 채 감염을 의심하고 확인하려면 어떤 과학적 근거가 필요할까? 앞서 언급한 것처럼 감염이나 증상을 검사한 결과에 불확실성이 포함되어 있다면, 그런 검사나 진단 방법조차 제시되지 않은 "감염병의심자"라는 정의는 더욱 모호할 수밖에 없다. 그리고 이런 기준에 의해 격리된 '감염병의심자'가 무단외출하여 재판을 받은 사례에서, 일부는 추후 음성 판정을 받았음에

도 불구하고 현행법 위반으로 벌금형에 처해졌다.* '의심'만으로 합법적으로 격리되고 이를 위반하여 처벌을 받은 것이다.

## 전염병 시대, 환자의 경계는 무엇인가?

국립국어원 『표준국어대사전』에 따르면 환자란 "병들거나 다쳐서 치료를 받아야 할 사람"으로 정의된다. 여기서 '병들었다'는 것은, 전염병의 경우, 앞서 말한 것처럼 병원체에 감염되어 특별한 증상이 나타나는 상황을 말한다. 그렇지만 『가디언』의 기사에서 소개한 '슈퍼면역'은 병원체에 노출되었으나 증상을 보이기는커녕 감염조차 되지 않은 상황을 보여준다. 그리고 감염은 되었으나 증상을 보이지 않는 '무증상 감염' 혹은 '증상 이전 단계의 감염자' 그리고 감염조차 불분명한 '감염병의심자'는, 병원체와 감염 혹은 증상의 관계가 불분명할 수 있음을 말해준다. 차이점은 '슈퍼면역'이 긍정적이고 희망적인 이미지를 주는 반면, 후자의 여러 명칭은 '장티푸스 메리'처럼 공동체를 위협할 수 있는 부정적인 것으로 묘사된다는 것뿐이다.

그렇다면 전염병의 시대에 병원체에 감염되어 증상이 나타나는, 다시

* 「"자가격리 중 약국 방문" 줄 잇는 감염병 위반 판결」,《데일리팜》 2021.11.1.

말해 '병이 든' 환자의 경계는 무엇인가? 병원체에 노출되지 않아 증상을 보이지 않는 건강한 사람과 환자의 경계는 분명해 보인다. 반면 환자와 슈퍼면역, 무증상 감염, 증상 이전 단계의 감염자, 감염병의심자는 동일선상의 다른 위치에 있는 것처럼 보인다. 감염되어 증상이 나타나는 한쪽 끝에 '환자'라는 존재가 있다면 나머지는 건강한 사람이라는 다른 끝으로 향하는 선상의 여러 지점에 위치한다는 것이다.

이것은 무엇을 의미하는가? 전염병의 시대 병원체에 감염되어 증상을 보이는 환자(혹은 확진자)는 그 자신뿐 아니라 공동체 전체의 안전을 위해 격리되고 치료되어야 할 존재로 간주되었고, 코로나19 대유행 때에도 마찬가지였다. 이런 공중보건 지침에 대해 사회구성원 대부분은 어쩔 수 없는 불편함과 희생이라고 생각하곤 했다. 그러나 확실한 환자는 아니지만 건강한 사람보다는 환자의 범주에 더 가깝다고 여겨진 사람들에 대한 여러 지침은 논란의 대상이 되기도 했다. 의학적으로는 환자가 아닐 수도 있지만, 정책적으로 환자와 마찬가지로 전염병의 시대 공동체에 위해가 될 수 있다고 여겨졌기 때문인데, 그 사이의 간극을 메우려는 노력이 부족했기 때문은 아닐까?

# 2부
# 환자에 대처하는 우리의 자세

# 오래된 질병과 새로운 환자*
## —20세기 초중반 미국 루이지애나 주 카빌 시의 국립나병원의 환자들

공혜정

(건양대학교 의과대학 의료인문학교실 의료인문학 특임조교수)

- - - - - - - - - - - - - - - - - - - - - - - - - - - - - - - - - - - - -

- - - - - - - - - - - - - - - - - - - - - - - - - - - - - - - - - - - - -

* 이 글은 공혜정, 「'살아있는 죽음'과 '거듭남' 사이의 여정: 20세기 초중반 미국 루이지애
나 주 카빌 시 국립나병원의 의료와 환자에 대하여」, 『의료사회사연구』 7권(2021)에서
발췌 및 요약하였다.

한센병은 고대로부터 수천 년 동안 서구 사회는 물론 전 세계적으로 존

재했던 질병이다. ... 서구사회에서 종교적, 사회적, 문화적으로 오랜

세월을 거쳐 형성된 한센병에 대한 낙인과 편견을 도려내고 치유하는

문제는 환자 공동체를 중심으로 사회 전반의 지속적인 인식 변화를 꾀

해야 하는 과제로 남았다.

## 미국에서 한센인으로 살기

한센병은 피부, 말초, 신경계, 상기도의 점막을 침범하여 조직을 변형시키는 감염병으로, 한센병에 대한 최초의 기록은 기원전 1,500년경에 인도에서 발견이 되었을 정도로 인류와 오래전부터 함께한 질병이다. 1897년 독일 베를린(Berlin)에서 열린 제1회 국제나회의(International Leprosy Congress)에서는 한센병을 유전이 아닌 세균에 의한 전염병으로 규정하고, 이에 대한 효과적인 치료법의 부재를 지적하면서 격리(isolation)를 유일한 대응책으로 권고하였다. 1909년 제2회 국제나회의에서는 제1회의 결의를 확고히 하는 한편 격리의 조건과 내용을 더욱 구체화하여 한센인을 부모로 둔 정상인 자녀는 부모와 격리시켜야 하고, 정상인 자녀들도 면밀히 유병 여부를 관찰해야 한다고 지적했다. 한센병은 마땅한 치료제가 없는 전염성이 강한 질병으로 격리만이 해결책이라는 인식이 강하게 자리 잡고 있던 분위기 속에, 1921년 미국 본토에 세워진 최초이자 유일한 연방 주도 한센병 병원인 국립나병원(National Leprosarium)이 설립되었다.

19세기 중반 이후 서구 사회에 소개된 대풍자유(chaulmoogra oil)는 한센병의 증상을 완화할 수 있는 치료제로 국립나병원을 비롯하여 전 세계적으로 각광을 받기 시작하였다. 1940년대 이르러 국립나병원에서 실험적으로 시도한 썰폰계 치료제(DDS(Diaminodiphenly Sulfone; Dapson)), 프로민(promin; sodium glucosulfone), 디아소네(Diasone; sulfoxone) 같은 약제를 통칭하는 명칭)는 한센병 치료의 획기적인 계기를 마련하여 완치까지 꿈꾸게 만들었다. 미국 국립나병원은 치료뿐만 아니라 한센병의 치료와 환자들의 기본적인 인권 회복, 특히 역사적으로 한센병과 연관된 낙인(stigma)을 없애기 위한 노력에 있어서도 선구적인 역할을 하였다.

미국에서 연방 차원의 한센인 관리는 하와이 열도(Hawaii)의 몰로카이섬(Molokai)의 북쪽에 위치한 칼라우파파(Kalaupapa) 정착촌(colony)과 루이지애나(Louisiana) 주 카빌(Carville) 시의 국립나병원에서 이루어졌다. 한센병은 서구사회에서 중세시대 이후 거의 사라진 듯했다가 서구 제국주의 열강이 아시아와 아프리카에서 식민지 개척을 하는 시기인 19세기 중·후엽 이후 다시 관심을 끌게 되었다. 사실상 한센병은 미국에서 많은 사람들을 감염시킨 질병이 아니었다. 1909년 통계에 의하면 미국 본토 전역에서 한센병 환자의 수는 139명(나중에 146명으로 정정)으로, 하와이 764명, 필리핀 2,330명에 비하면 매우 미약한 숫자였다. 그러나 19세기 말과 20세기 초 미국인들이 한센병에 대해 지나친 두려움을 가지게 된 것은 세균론(germ theory)의 등장과 함께 미서 전쟁(Spanish-American War, 1898.4-1898.12) 이후 필리핀 식민지 경영을 하면서 표출된 인종주의와 연관되어 있다. 이런 점에서 미국인들에게 하와이의 몰로카이 정착촌과 카빌의 국립나병원은 미묘하게 다른 의미가 있었다. 하와이 정착촌은 '전염병을 가진 열등하고 이질적인(inferior and alien)' 비(非)시민(non-citizen)을 본토와 멀리 떨어진 곳에 격리수용하는 것이 목적이었다면, 카빌의 국립나병원은 인종적, 민족적으로 다양한 환자들이 섞여 있었다 하더라도 미국 본토에 직접적으로 영향을 미칠 수 있는 질병으로부터 미국민들을 보호하겠다는 의미를 내포했다.

이 장에서는 카빌의 국립나병원 환자들의 회고록, 그중에서도 1920-1950년대까지의 기록을 생생하게 담고 있는 베티 마틴(Betty Martin)과 스탠리 스타인(Stanley Stein)의 회고록, 그리고 환자들이 자체적으로 발행했던 간행물인 『더 스타(The Star)』를 주로 활용하고자 한다. 마틴과 스타인은 1920-1960년대까지 국립나병원에서 생활했던 환자들로, 회고록을 통해서 대중에게 가장 잘 알려진 인물들이다. 1928년 카빌병원에 입원한 마틴은 뉴올리언스(New Orleans)의 부유한 가문 출신의 백인 여성으로 「카빌의 기적(Miracle at Carville)」을 저술하였다. 본명이 시드니 모리스 레비슨(Sidney Maurice Levyson) 인 스타인은 독일계 유태인으로 텍사스 주립대학(University of Texas)에서 약학을 공부한 약사 출신이다. 그는 1931년 카빌로 와서 환자들의 인권 회복을 목표로 환자권리운동을 주도하면서 환자 주도의 뉴스레터 『더 스타』를 창간하고, 『더 이상 혼자가 아니다(Alone No Longer)』를 저술하였다. 본 연구에서는 이들의 회고록과 『더 스타』를 중심으로 정부기록, 법령, 의학 저널 등을 참조하여 의학 기술과 치료법의 발전이 한센병과 한센인에 대한 외적 대응(사회적, 정치적, 정책적 대응)과 환자들의 내적 대응(환자 그룹의 대응)에 미친 영향에 대해서 이야기하고자 한다.

## 오래된 환자에서 근대적 환자로: 국립나병원의 설립

미국 본토에서 루이지애나 주에 국립나병원이 건립된 것은 우연이 아니었다. 루이지애나 주, 특히 중심 도시였던 뉴올리언스 시는 '질병 구덩이(pest-hole)'로 불릴 정도로 아열대성 질병이 만연한 곳이었기에 이미 19세기 중반부터 공중보건에 대한 관심이 높았다. 1803년 미국에 합병되기 이전인 스페인령 시절부터 알몬네스터 나병원(Almonester leper hospital)과 자선병원(Charity Hospital)에서 한센병 환자를 치료하거나 수용하였다. 루이지애나 주에서 한센병에 대한 관심이 부활한 것은 1880년 조셉 존스(Dr. Joseph Jones) 의사가 주 공중보건위원회 회장(State Board of Health)이 되면서 부터였다. 이후 1889년 하와이 몰로카이에서 의료봉사를 하다가 한센병에 걸려 사망한 다미앵 신부(Father Damien)의 소식은 한센병에 대한 두려움을 미국 전역에 가중시켰다. 1892년에 이르면 루이지애나 주는 한센병 진단을 받은 사람들의 검역을 요구하는 법(Act 85 LA State Legislature)을 통과시켰다.

루이지애나 주에서는 환자 격리 장소는 인도주의 차원에서 '불행하고 고통 받는 사람들(the unfortunate afflicted)'의 상태를 개선하는 데 도움이 될 수 있는 모든 것을 고려하되, 고립된 장소(place of isolation)여야 하고 '공포와 비난의 장소가 아닌 환자들의 피난처(asylum of refuge)'가 되어야 한다고 규정하였다. 루이지애나 주 의회는 나환자수용소관리위원회(Board of Control for the Leper Home)를 설립했고, 이사도르 다이어(Dr. Isadore Dyer)를 첫 위원장으로 선임하였다. 그러나 뉴올리언스 시에 나환자수용소를 건립하고자

했던 다이어의 희망은 뉴올리언스 시 경계 밖에 설치해야 한다는 대중들의 반대에 부딪쳤다. 위원회는 나환자수용소를 세울 적정 장소를 오랜 기간 논의한 끝에 결국 1905년 미시시피(Mississippi) 강가에 버려져 있던 카빌(Carville) 시의 농장을 매입하였다. 루이지애나 주립 나환자수용소가 건립된 카빌시는 루이지애나 주의 두 중심도시 사이, 즉 뉴올리언스 시에서 서쪽으로 약 110km, 주도(州都)인 바톤 루즈(Baton Rouge) 시에서 남동쪽으로 약 40km 떨어져 있었다.

1905년 루이지애나 주로부터 한센인 수용을 위해 매입되었을 당시 행정상의 지역명 조차 제대로 없는 지역이었다. 1909년에 그 지역 우체국장 카빌(Louis Carville)의 성을 따서 카빌 시로 명명하고 다른 지역과 구분하였다. 나환자수용소가 생기고 나서 7명의 한센병 환자들이 석탄 바지(barge) 선을 타고 뉴올리언스 시에서 카빌로 이송되었다. 바지선은 무동력 배로 예인선의 도움이 없이는 움직일 수 없었기에, 이곳에 바지선을 타고 도착한 한센병 환자들은 자력으로는 뉴올리언스 시로는 되돌아 갈 수 없음을 직감하고 있었다. 처음으로 농장에 도착한 환자들은 노예 숙소로 쓰이던 곳에서 머물렀고, 1주에 한번 의사가 이들을 돌보기 위해 방문하였다. 많은 환자들이 대부분 열악한 생활환경과 버려졌다는 자괴감으로 스스로 목숨을 끊는 일이 많았다. 다이어는 직접 메릴랜드(Maryland) 주 볼티모어(Baltimore) 시를 방문하고 성 빈센트 드 폴 수녀회(Daughters of Charity of St. Vincent de Paul, 이하 수녀회)에 환자들을 돌봐 줄 것을 부탁하였다. 1896년 비아트리스 수녀(Sister Beatrice)를 비롯한 4인의 수녀가 도착하여 연봉 100달러

# Flag Raising at Home for Lepers

그림1. 국립나병원 설립을 기념하는 사진을 그림으로 표현
(출처: *The Kenna Record*, 18, February, 1921.)

씩 받고 환자의 간호와 행정 업무를 담당하였다. 이후 수녀회는 2005년까지 100년이 넘게 나환자수용소와 국립나병원에서 한센병 환자들과 함께 병원 행정 전반과 간호 및 돌봄을 담당하였다.

한편 한센병에 대한 미국 전역의 관심과 여론을 일으키고 연방 차원의 한센병원의 건립을 논의하게 된 배경에는 한센병 환자였던 존 러스킨 어얼리(John Ruskin Early)와 그 가족의 공헌이 컸다. 미서 전쟁 참전 재향 군인인 어얼리는 스타인이 그의 회고록에서 카빌 환자들을 위해 헌신적으로 싸운 "카빌의 십자군"이라고 칭송할 만큼 두드러지게 한센인 처우 개선을 위해 노력했던 인물이다. 어얼리는 노스캐롤라이나(North Carolina) 출신으로 미서 전쟁 당시 보병으로 쿠바와 필리핀에 주둔하였다. 어얼리는 제대 후에 펄프공장에서 일하다가 1908년 자신이 한센병에 걸렸다는 사실을 알게 되었고, 가족(둘째를 임신한 아내와 첫째 아들)에게서 격리되어 포토맥 강(Potomac River) 근처 사립수용소로 이송되었다. 사실상 미국 북동부에는 어얼리를 수용할 시설이 마땅하지 않았기에 그는 하와이의 칼라우파파 정착촌이나 식민지였던 필리핀으로 강제 이송될지도 모를 처지에 놓여 있었다. 어얼리의 가족들은 윌리엄 하워드 태프트(William Howard Taft) 대통령, 한센균을 발견한 한센, 국립공중보건국 총감(Surgeon General, U.S. Public Health Service), 저명한 한센병 전문 의사, 법률가 등에게 나환자들의 처우 개선과 국가 차원의 도움 등을 호소하였다.

이러한 노력의 결과 1916년 2월 루이지애나 주 상원의원 조셉 E. 랜스델(Joseph E. Ransdell)은 어얼리를 직접 방문하여 국립나병원 설립의 필요성에 대해 서로 의견을 나누기도 하였다. 결국 1917년 2월 루이지애나 주립 나환자수용소 설립을 추진했던 다이어의 경험과 어얼리를 진료했거나 대변하는 여러 의사들과의 청문회를 거친 후 랜스델 의원이 상정한 법안이 통과되었다. 이 법안에서는 어얼리의 사례를 집중적으로 논의하고, 루이지애나 주립 나환자수용소, 하와이 정착촌, 필리핀을 비롯하여 각국의 한센병 통제와 한센인 수용 현황을 분석한 후에 연방 차원의 병원 설립(250,000달러 예산 배정)이 필요하다는 결론에 도달했다. 즉, 연방 차원의 한센병 전담 의료 기관의 설립이 필요한 이유로 한센인의 철저한 격리를 통해서 질병 통제, 치료, 그리고 사회의 낙인과 배척으로부터의 환자보호 등을 나열하였다. 무엇보다 이러한 철저하게 관리되는 격리시설은 궁극적으로 한센병으로부터 미국 국민 전체를 안전하게 보호하는 데 기여할 것임을 지적하였다. 더구나 미서 전쟁 참전 군인으로서 한센병에 감염되어 미국 본토로 돌아온 어얼리의 사례는 본격적으로 식민지 개발과 경영에 돌입한 미국 입장에서 경각심을 불러일으킬 만했다. 즉 연방 차원의 한센인 관리 및 격리 시설의 설립은 해외 파병 복무나 파견 근무를 마치고 귀국한 자국인들에 대한 복지후생 조치이자, 감염병이 공중보건에 미칠 영향에 대한 안전보장 조치라고 할 수 있었다. 그러나 이 법안의 열매는 빨리 얻어지지 않았다. 어얼리는 법안이 통과된 후 2년이 지난 1918년에야 루이지애나 주립 나환자수용소로 이송되었다. 제1차 세계대전(1914-1918)은 국립나병원의 병원 부지 선정부터 지연시켰다.

결국 제1차 세계대전이 끝나고 1920년 연방정부는 35,000달러에 국립나병원 건립 부지로 450에이커 대지의 루이지애나 주립 나환자수용소를 사들였다. 국립공중보건국이 루이지애나 주립 나환자수용소를 인수할 당시 병상의 수는 80개였다. 그러나 연방에서 매입한 이후 172명까지 수용할 수 있게 시설을 확충하였고, 국립나병원 건립 2년 후인 1923년에는 645,000달러를 투자하여 425명까지 수용할 수 있는 시설을 확보하였다. 결국 루이지애나 나환자수용소는 O. E. 데니(Dr. O. E. Denney)를 초대 원장으로 하는 미국해군병원 66번(United States Marine Hospital Number 66), 즉 국립나병원(National Leprosarium)이 되었다

## 오래된 질병에 갇힌 환자의 삶

"나병! 그 단어는 진단이 아니라 운명의 선언이었다. 내 희망과 야망이 무너졌다. 내 미래는 망했다"라고 스타인은 자신이 나병 진단을 받을 당시를 회고하였다. 국립나병원이 설립한 20여 년 후인 1940년대에 이르면 국립나병원의 시설 확충으로 환자들의 물리적, 물질적 생활환경은 크게 향상되었다. 그러나 정착 한센인들은 괴롭힌 것은 물리적 환경이라기보다는 역사적으로 오랜 기간 정신적으로 괴롭히던 장애물, 즉 격리와 낙인의 굴레였다. 한센인에 대한 다방면에 걸친 외부세계와의 격리, 사회적 차별과 낙인은 한센인들이 '살아 있되 죽은 자와 같은 삶(living death)'을 살게 하였다.

루이지애나 주립 나환자수용소 설립부터 국립나병원에 이르기까지 한 센인 수용 시설 설립과 운영의 가장 큰 목적은 철저하게 통제된 외부와의 격리였다. 1926년 국립공중보건국 보고서에서는 각 나라마다 상황에 맞는 대처법이 필요하다고 지적하면서, 미국의 한센병에 대한 이상적인 대처법 은 엄격한 분리(rigid segregation)이고, 한센병 환자를 격리하는 것이 이 병을 완전히 뿌리 뽑기(eradication)위해 꼭 필요하다고 역설하였다. 초대 국립나 병원 병원장인 데니는 "나병에 걸리는 것은 범죄가 아니다. 대부분의 경우 그것은 피할 수 없는 상황이다. 그러나 일단 나환자가 구금된 후 그가 탈 출하여 다른 사람들을 사실상 불치의 병[나병]에 걸릴 위험에 처하게 하는 것은 사회에 대한 범죄(crime)이다. 그런 사람을 제지하는 것은 공익을 위 한 것이다. 이런 법은 정의(justice)와 관련이 있다"고 주장하였다. 이러한 법 적, 사회적 인식 때문에 한센인들의 이동의 자유는 제재를 받을 수밖에 없 었다.

1940년 공중보건 연방규정강령(Code of Federal Regulation)에 의하면 한센병 환자는 3명 이상의 의료진에 의해 한센병 진단을 받아야 하고, 진단이 확 정되면 특정 수용구역에만 머물러야 했다. 또한 중증 한센병 환자의 경우 다른 환자들과 격리하여 관리되었다. 만약 환자가 이 지시를 위반하는 경 우, 특정 수용구역으로 돌려보내진 후 구류되거나, 이탈을 방지하기 위해 감금조치를 감수해야 했다. 연방 규정에 의하면 환자들은 건강 상태가 특 정 수용구역을 떠나도 상관없는 정도이거나 치료에 방해가 되지 않는다 는 의료진의 판단이 내려질 경우, 1년에 2회 총 30일 동안 지정된 수용구역을 떠나 지낼 수 있었다. 스타인의 회고에 의하면 국립나병원 환자들 중 일부는 주변 3주(루이지애나 주, 텍사스 주, 미시시피 주)로만 10-15일 동안 허가를 받아 방문할 수 있었는데, 이때도 공공교통수단이 아닌 사적 이동 수단만 이용할 수 있었다. 담당 의료진의 특별 허가를 받은 경우를 제외하고 이성과의 소통이나 방문은 지정된 방문 장소에서, 정해 놓은 시간에만 허용되었다. 3인의 한센병에 정통한 의료진이 더 이상 공중보건에 위협이 되지 않는다고 판단되는 환자에 한해서 퇴원이 허락되었다. 또한 환자 중 병의 전염력이 없다 할지라도 주 보건 담당관의 동의를 얻고, 가정에 자녀가 없으며, 치료를 지속할 여건이 되면 퇴원을 할 수 있었다. 퇴원 후 환자에 대한 정보는 환자가 거주하는 주의 보건소에 통지되고, 보건소에서는 담당 의료진이 환자의 임상 및 세균 검사를 3년간 6개월에 최소 1회 이상 보고하도록 규정하였다. 일반적으로 퇴원한 환자들은 격리되어 거주하거나 집단거주(colonization)를 해야 했지만, 퇴원한 환자 중에서도 환자의 거주지가 아열대나 열대 기후 지역이 아닌 온난 기후이거나 추운 지역(한센균이 더운 기후에서 활발하게 활동하기 때문)일 경우 적절한 의료 치료만 받고, 격리나 집단거주는 하지 않아도 되었다.

스타인의 회고에 의하면 카빌에는 20세기 중반까지 유일한 외부 세계와의 소통의 통로였던 우체국이 없었다. 대신 우체국 직원이 월요일에서 금요일 아침 일찍 식전시간에 식당 밖에 와서 환자들이 쓴 편지를 수거해 갔다. 환자들이 병원 밖의 가족이나 친지들에게 편지를 보낼 때 그들의 편지는 거의 탈 정도로 훈증 소독한 후에 우송되었다. 스타인은 외부로 보내는 편지를 소독하는 일을 중지하는 캠페인을 했지만, 결국 그가 사망한 지 1년 후인 1968년에서야 이 관행이 사라졌다. 전화가 있긴 했지만, 환자들이 외부의 도움을 받아 탈출에 이용할까봐 개인적인 사용을 제한하였다. 방문객들은 오전 7시에서 저녁 7시까지만 방문해야 했고, 병원에서는 절대 숙박할 수 없었다. 카빌 병원 정문에는 엄중한 경비가 있었고, 밤낮으로 원내를 순찰하는 순찰대가 있었다. 환자들은 밤 9시까지 숙소에서 들어와 점호를 받아야 했다. 스타인은 이러한 조치들을 "오로지 죽어야만 벗어날 수 있는 낙인과 제재들"이라고 한탄하였다.

종교적, 문화적, 사회적으로 한센인에 대한 낙인에 익숙한 환자들은 국립나병원에 입원하면서 본명을 버리고 가명(pseudonym)으로 개명하였고, 이를 통해 '정상인'에서 '한센인'으로 신분을 갈아탔다. 국립나병원에서 한센인으로서의 새로운 정체성을 가지게 되는 장소는 병원의 진료기록실(medical records room)이었다. 진료기록실은 새로 입원하는 환자들이 처음 거쳐야 할 장소였는데, 이곳에서 환자들은 한센인으로 살아갈 동안 사용할 가명을 결정하였다. 환자들은 불명예스러운(disgraceful) 사회적 낙인으로부터 자신과 그들의 가족 및 친인척을 보호하기 위해 새로운 이름을 통해 그들의 진짜 정체성을 벗어 버렸다. 1928년 베티 마틴이 국립나병원에 처음 왔을 때, 본인과 가족, 약혼자 모두를 보호하기 위해서 베티 파커(Betty Parker)라는 가명을 택했고, 결혼 후 성을 마틴으로 변경하였다. 베티 마틴은 한센인으로서는 최초로 회고록을 저술해서 유명세를 탔고, 이 때문에 여러 번 뉴스미디어에 등장하였지만, 한센병을 진단받은 이후 70여 년간 죽을 때까지 본명을 밝히기를 거부하였다. 마틴은 한 인터뷰에서 "우리[한센인]는 외로움과 두려움에 너무 오랫동안 시달렸다. 우리가 노출되면 잃을 것이 더 많아지기 때문에, 낙인에 대한 두려움이 줄어들지 않고 커졌다"라고 고백했다. 스타인 역시 자신의 가족들에게 불명예를 덜 안겨주기 위해, 자신의 본명인 '시드니(Sydney)'에서 'S'와 'ey'를 따서 이름은 '스탠리,' 성은 자신의 어머니의 처녀적 성인 '스타인'을 택하여 가명을 지었다. 이렇게 획득한 한센인으로서의 정체성은 죽음 이후에도 유지되었다. 많은 환자들은 사망 후에도 신분을 숨기기 위해 자신의 가명으로 매장되기를 희망하였고, 일부는 자신의 가명조차도 전체 이름을 기록하지 않고 부분만 기록한 묘비를 남겼다.

한센병은 미국 정부에서 처음으로 환자 이송에 대한 규제를 만든 질병이었다. 한센인이 수용구역에서 사망하는 경우 정부 비용으로 지정된 구역에 매장을 하고 묘를 만들어 주었다. 그러나 환자의 보호자가 시신을 따로 매장하기를 희망할 경우 전염병으로 사망한 시신의 운송을 규정한 주간(interstate) 검역 규정 및 주의 규정에 따라 자비로 시신을 운송할 수 있다고 규정하였다. 또한 시신은 미국 위생 법규에 의거하여 이송 전에 시체를 완전히 방부 처리(embalmed)하도록 규정하고 있다. 어떤 주에서는 금속관에다 납땜질을 할 것을 요구하기도 하였다. 이 이외에도 이송 과정 중 카빌과 환자나 환자 가족이 원하는 매장 장소 사이에 위치한 모든 주 공중보건 기관에 공문을 보내야 하는 어려움이 있었다. 이러한 복잡한 규정 때문에 대다수의 환자들은 가족이 있는 고향보다는 제2의 고향인 카빌에 매장

되길 희망하였다.

정상인과 한센인 간의 격리 중 가장 한센인들을 괴롭힌 것은 사랑하는 사람들과의 접촉 금지 규정이었다. 1950년대까지 환자들 간에 은밀한 접촉이나 교제가 없었던 것은 아니었지만, 이성간의 교제나 결혼이 원칙적으로 금지되어 있었다. 배우자가 한센병 진단을 받고 병원으로 오게 되면 이혼은 당연한 수순이었다. 가족이 입원을 하더라고 함께 동거할 수 없었고, 아기가 태어나는 경우에는 한센병 검사를 한 후에 부모와 분리되어 외부로 보내지거나 입양을 보냈다. 환자들 간의 결혼 역시 금지되었고, 환자들 스스로도 자녀를 낳는 것을 두려워하기도 했다.

19세의 마틴은 국립나병원에 들어오기 전 의과대학생이었던 약혼자 로버트(Robert)와 결혼까지 약속하였었다. 스타인은 카빌 병원에는 마틴 만큼 아름다운 여인도 드물었다고 칭하면서 마틴이 깨끗한 올리브색 피부에 '프랑스풍 외모(French looking)를 지닌 매우 매력적이면서 고고한 새침함'을 가진 여성이었다고 회고하였다. 그러나 그런 젊고 아름다운 여성 역시 병원에 들어온 지 채 2년이 채 안 되어 약혼자 로버트와 헤어지게 되었고, 같은 병원 환자였던 새로운 연인 해리 마틴(Harry Martin)을 만나 사랑에 빠지게 되었다. 그들의 결혼은 병원 규정상 허용되지 않았기에, 그들은 베티 아버지의 도움을 받아 '담장 구멍(hole in the fence)'을 통해 몰래 탈출하여 병원 밖에서 결혼식을 올렸다. 병원 밖으로 탈출한 그들은 5년 반 동안 숨어서 결혼 생활을 누렸다. 그러나 남편 해리의 병세가 악화되어 1939년 그들은 다시 카빌로 되돌아오게 되었다. 이들은 병원 규정을 어기고 병원을 탈출한 대가로 남편 해리는 1개월간 병원 내 감옥에서, 아내 베티는 정신질환자들을 수용하는 작은 오두막에서 구류 처분을 받았다. 이후에도 이들은 병원의 규정에 따라 부부임에도 동거가 금지되었다. 마틴은 결혼은 물론 임신과 출산까지도 거부된 삶에 대해서 통탄했다. 마틴은 "결혼은 우리에게 잘못된 것이었다. 나는 우리 모두 질병[한센병]을 가지고 있는 상태에서 아이를 낳고 싶다는 생각을 할 수 없었다"라고 고백했다. 혹시 임신을 하게 되면 산모는 뉴올리언스 시의 국립공중보건국 지부로 이송되어 다른 환자들과 격리되어 아기를 분만했다. 환자 부부에게서 태어난 정상 자녀들은 당연히 부모와 함께 거주할 수 없었고, 친인척이 돌보거나 입양을 보내야 했다. 1949년 카빌 의료진은 썰폰제 치료의 의료적 성과에 열광하던 시기에조차 5세에 한센병으로 입원한 소년 환자의 '외할머니-어머니'로 이어진 한센병 가족력을 지적하면서 한센병에 감염된 가정에서 자녀가 태어나자마자 격리시키는 체계적인 프로그램이 필요하다고 역설하였다. 또한 카빌병원에 입원한 성인 환자들의 경우 대다수가 10세 이전에 감염되었고, 일부는 아주 어린 나이인 5세 정도에 감염되었다고 지적하면서 한센병 조기 발견과 이에 따른 환자-가족 간의 격리 조치의 중요성을 강조하였다.

이상과 같이 20세기 초중반 미국의 한센인들은 '공중보건'이라는 이름 아래 정상인들과 접촉하는 것이 '범죄'로 여겨질 정도로 외부와 철저하게 격리되고 통제된 삶을 강요받았다. 자유로운 이동이나 소통의 자유, 이성 교제를 비롯하여 결혼 및 출산의 자유가 규제 받았으며, 심지어 자신의 '정상인'으로서의 자아정체성을 버리고 새로운 '한센인'으로 살아가길 권유 받았다. 카빌 환자들은 서구의 전통적인 종교와 문화로부터 유래된 한센 병에 대한 낙인과 편견으로 평생을 괴로워했다. 정상인과 한센인 간의 격리는 가족과 친지는 물론, 병원 내에서조차 철저하게 이루어졌다. 미국 남부 사회의 축소판인 병원 안에서는 환자들 간에도 인종별, 민족별, 성별 구분과 분리가 일어났다. 이처럼 철저하게 외적, 내적으로 통제되고 격리되고 구분된 한센인으로서의 삶은 1940년대 썰폰제 치료의 효과로 인해 새로운 변화의 계기를 맞이하였다.

## 새로운 환자의 변화된 삶

국립나병원 환자들의 삶에 변화가 생긴 것은 두 가지 요인, 즉 첫째, 한센병 치료제의 개발과 발전에 따른 외부적 요인과, 둘째, 기존의 편견과 낙인을 타파하고자 하는 환자 공동체의 자율적 움직임인 내부적 요인의 결과였다. '한센병 치료제의 개발과 발전'이라는 외부적 변화는 한센인들에게 고대부터 '천형'이라고 여겨졌던 한센병의 굴레를 벗어날 수 있다는 희망을 주었고, 환자들의 자율성과 권리를 주장하는 사회 운동으로 발전하는 견인차가 되었다. 또한 이러한 외적, 내적 변화는 정치적, 사회적, 종교적, 문화적으로 '살아 있는 죽음'을 경험했던 환자들에게 그들의 인권과 시민권을 회복하는 '다시 태어남,' 즉 '거듭남(rebirth)'을 의미했다.

19세기 중후반 한센병 완화제이자 치료제는 대풍자유였다. 1854년 동남아시아에서 한센병 치료에 사용되던 대풍자유가 영국 의사인 프레드릭 존 모아트(Frederic John Mouat)에 의하여 서구 사회에 소개되었다. 이후 한센병 완화와 치료는 화학요법(chemotherapy)인 대풍자유 치료를 통해서 눈에 띄는 성과를 보였다. 루이지애나 주립 나환자수용소가 설립된 이후 나환자수용소 관리를 책임지던 다이어는 희석한 뱀의 무독성 독(1897년 제1차 국제나회의에 보고)을 비롯하여 여러 가지 치료 처방을 시도하였다.

그러나 대풍자유를 경구 복용할 경우 구역질과 구토를 일으키기 때문에 환자들 중에는 이를 견디지 못하는 경우가 많았다. 이를 완화하기 위해 피하주사 약으로 두 가지 종류가 개발되었다. 하나는 장뇌 기름(camphorated oil)을 사용한 경우와 다른 하나는 에틸에스테르(ethyl ester)를 사용한 경우였다. 여러 부작용에도 불구하고 대풍자유 경구투입과 피하주사는 1920년대와 1930년대 제일 각광받는 치료약이었다. 그러나 이것들은 환자들에게는 매우 큰 고통을 수반하였고, 그 효능은 환자들이 겪는 고통과 비례하지 않았다. 카빌에 1931년 입원한 스타인은 회고록에서 주로 식당에서 대풍자유 경구 투입이 있었는데, 이는 매우 '비위 상하는 일'이었다고 고백했다. 스타인은 약사 출신이었기에 5-25방울씩 들어간 대풍자유 캡슐, 파울러용액(Fowler's Solution: 칼륨 비소 1%용액으로 강장제로 사용), 스트리크닌(strychnine: 알카로이드계 약품) 알약을 환자들의 식판 위에 배분하였다. 카빌 환자들은 두 종류의 대풍자유 주사, 즉 에틸에스터가 혼합된 '홉킨스주사(Hopkins shot)'와 올리브기름과 벤조카인(benzocaine)이 섞인 '조박사주사(Dr.

Jo's shot)' 중에서 선택하여 맞을 수 있었다. 스타인은 조박사주사를 선호하긴 했지만, 두 주사 모두 고통스러운 염증을 야기할 수 있었기에, 그는 수차례 입원 치료까지 받았다. 어얼리는 1930년 '대풍자유 주사가 가져온 근대 의학의 승리'라는 칭호를 받으면서 완치를 선언 받고 퇴원할 수 있었다. 그러나 퇴원 6개월 만에 재발병하여 1931년 카빌에 재입원하게 되었다. 이처럼 당시로서는 최첨단의 한센병 치료 방법이었던 대풍자유 치료요법은 그 효능이나 부작용에서 만족스러운 것이 아니었지만, 당시로서는 최선의 선택이었다. 이 대풍자유 치요법은 1940년대에 썰폰 치료요법이 성공을 거두기 시작하면서 카빌 병원에서는 1947년 이후 공식적으로 사용하지 않게 되었다.

썰폰제의 시초인 DDS(Diaminodiphenly Sulfone, 혹은 Dapsone)는 1908년 처음 독일에서 합성되었다. 그 후 썰폰제는 합성항균제(synthetic anti-microbial agents)로 각광을 받아 1932년에 바이엘(Bayer) 제약회사에서 프론토실(Prontosil)이라는 상품으로 개발되었다. 그 후 페니실린(penicillin)이 상용화되기 전까지 유일한 항균제로 사용되었다. 1937년에는 DDS가 본격적으로 항균제와 항소염제로 연구되어 1940년대 중반 한센병 치료에 처음으로 사용되었다. 프로민(promin 혹은 sodium glucosulfone)은 말라리아와 결핵의 치료약으로 1937년 파크 데이비스(Parke Davis) 제약회사에서 합성하여 상용화되었다.

1940년대 한센병 치료에 썰폰 치료제를 도입한 거이 패짓(Dr. Guy Faget)의 시도는 결과적으로 한센병 치료 역사에서 전대미문의 파장을 일으켰다. 패짓은 1914년 뉴올리언스의 툴레인 의과대학(Tulane University School of Medicine)을 졸업하고 장로교병원(Presbyterian Hospital)의 의사가 되었다. 그는 영국령 온두라스(Honduras)에서 의사 및 보건 담당자로 일하면서 열대 질병에 대한 경험을 쌓았고, 미국 공중보건국의 장교로 수년간 복무하였다. 패짓은 온두라스에서 복무한 경험을 바탕으로 말라리아 치료제로 썰폰제(sulfanomides)를 사용해 봤지만, 큰 효과를 보지 못했다. 그러나 썰폰제 중 프로민이 특히 결핵 치료에 효과가 있다는 것을 발견하고 한센병에도 효과가 있는지도 모른다는 생각에 본격적인 연구에 착수하게 되었다. 패짓은 결핵임상실험(clinical experiment)을 자원하는 환자들에게 썰폰제(sulfanomides, sulfathiazole)를 투여하였다. 패짓은 파크 데이비스 제약회사에서 생산한 썰폰 혼합제(compound)인 프로민에 관심을 가지고 제약회사에 프로민의 성과에 대해서 문의를 하던 중 미주리(Missouri) 주 세인트루이스(St. Louis) 시 소재 워싱턴대학교(Washington University)의 카우드리(Dr. Edmund Vincent Cowdry)가 프로민을 이용한 쥐의 한센병 치료 실험에서 효과를 보았다는 소식을 들었다. 이후 패짓은 1941년 프로민을 가지고 카빌 환자를 상대로 좀 더 적극적인 임상실험을 시도하였다. 그는 6명의 환자 자원자에게 경구 투여를 하다가, 나중에는 피하주사로 투여하여 6개월 후 이 환자들의 피부 궤양이 급속도로 호전되는 것을 발견하였다. 썰폰제는 세포분열하는 박테리아의 전체 부피를 줄이는 역할을 하였고, 기존 피부 병변의 염증을 없애고 새로운 병변이 나타나는 것을 방지하였다. 이후 실험에 자원한 환자는 22명으로 늘어났고, 패짓은 관찰된 환자 상태의 긍정적인 변화는 '즉흥적이고 일시적인 증상 개선만으로는 설명되는 것'이 아니라며 실험 결과의 지속성을 확신하게 되었다. 즉 최소 12개월 이상 약을 투여한 22명의 환자 중 15명이 호전을 보였고, 5명에게서 한센균이 사라졌다. 그의 연구 결과는 프로민의 효과가 느리게 나타나고 환자마다 그 결과가 다르다는 한계성 역시 증명하였으나, 한센병이 의학적으로 치료가 가능하다는 희망을 주기에는 충분했다.

지속적인 연구를 통하여 패짓은 애버트(Abbot) 제약회사에서 제조한 댑손(dapsone)이 프로민보다 향상된 효과를 보여주었고, 경구복용의 편리함이 있음을 지적하였다. 그리고 그는 이를 '국립나병원에서 이룩한 가장 두드러진 과학적 진보'라고 자축하였다. 곧 카빌 병원에서는 대풍자유 치료요법을 완전히 폐기하고 썰폰제 치료요법에만 집중하기 시작하였다. 카빌 밖에서도 다양한 썰폰 혼합제가 성공을 거두었다. 인도의 R. G. 코크란(Dr. R. G. Cochrane)이 1946년 썰폰제를 근육주사로 한센병 환자에게 사용하기 시작하면서 그 효능을 인정받았다. 1948년 제5차 국제나회의에서 이러한 변화를 반영하여 프로민 등의 썰폰제가 한센병 표준 치료제로 인정받았다. 이상과 같이 1940년대는 한센병 치료 역사에서 새로운 전기가 마련된 시기라 할 수 있었다.

아이러니하게도 이러한 놀랄 만한 치료법의 개발에는 연구진들의 끈질긴 노력 외에도 환자들의 희생이 동반되었다. 카빌의 환자들은 간절하게 어떠한 종류의 작은 회복이라도 희망하면서 기꺼이 '기니 피그(guinea pigs)'처럼 각종 임상실험에 자원하였다. 가장 최악의 실험은 환자 조니 하몬(Johnny Harmon)이 진술한 '발열 요법(fever therapy)'이었다. 이 치료법은 약물이 한센균에 침투하여 균을 파괴하게 하기 위해 5번의 세션을 연속적으로 폐 모양을 한 철제 원형 캐비넷에 목까지 집어넣고 화씨 140-155도(섭씨 60-68도)까지 올라가는 고온을 견디도록 고안되었다. 이론상으로 치료법은 훌륭한 것이었으나, 치료를 받은 환자들은 구토, 경련, 체중감소 등의 각종 부작용에 시달렸다. 하몬은 다행히 부작용 없이 3회의 치료를 견뎌냈으나 4회째에 직원의 실수로 온도를 기준보다 고온으로 올려 원형 캐비넷에서 정신을 잃고 기절하였다. 하몬은 24시간의 요양 후에 기력을 되찾았고 더 이상 실험을 재개하지 않았다. 그러나 다행히 하몬은 5회의 치료를 다 받지 않고도 그 후 한센병 음성 판정을 받고 퇴원할 수 있었다. 하몬은 말년에 이 실험을 회상하면서 자신이 이 '발열 요법' 실험에 참여한 사람들 중 유일한 생존자일 것이라고 말했다.

　이러한 카빌의 과학자와 의사들의 전문적인 연구와 환자들의 자발적인 희생이 합쳐져서 이루어낸 의학적 성과는 그 이후에도 지속적인 발전을 하였다. 1960년대 중반 제이콥 쉬스킨(Dr. Jacob Sheskin)과 로버트 R. 헤이스팅스(Dr. Robert R. Hastings)는 한센병 치료에 있어 탈리도마이드(thalidomide)의 효능을 입증했고, 로버트 R. 제이콥슨(Dr. Robert R. Jacobson)은 리팜핀(Rifampin)을 복합약물 치료제(multi-drug therapy)의 하나로 소개하였다. 한센병의 원인이 되는 세균인 미코박테리움 레프레(Mycobacterium lerprae)가 배양이 잘되지 않아 치료제를 개발하는 것이 쉽지 않았으나 1971년 W. F. 커크하이머(Dr. W.F. Kirchheimer) 연구팀에서 아홉띠아르마딜로(nine-banded armadillo)

를 세균 배양에 활용하게 되면서 치료제 연구에 더욱 박차를 가했다.

대풍자유에서 단일 썰폰치료제, 복합 썰폰치료제 등으로 이어진 한센병 치료의 획기적인 변화는 의료적 발전뿐만 아니라 환자들의 삶 자체에 큰 변화를 초래하였다. 썰폰제에 의한 성공적인 치료의 성과는 환자들에게 퇴원에 대한 희망을 불러 일으켰다. 이러한 변화는 카빌 병원뿐만 아니라 글로벌하게 한센병 치료는 물론 환자들의 기본적 인권 회복 및 향상에도 영향을 미쳤다. 썰폰제 치료의 성공을 경험한 1948년부터 카빌의 상황은 개선되기 시작했다. 외부 세계와 소통할 수 있는 병원 자체 우체국이 생겼으며, 병원을 둘러싼 철조망을 제거하고, 외부와 통하는 도로를 연결하였다. 가장 중요한 변화는 전염의 위험이 없고 한센균이 소멸되었다는 '의학적인 소견을 받아 퇴원(medical discharge)'하고 가족들의 품으로 돌아갈 수 있게 되었다는 점이었다. 1947년 6회의 세균검사에서 음성반응을 보여 통과한 첫 환자가 퇴원을 하였고, 1943-1948년 사이 모두 132명의 환자가 퇴원을 하였다.

국립나병원에서의 퇴원은 몇 가지 조건을 만족해야만 가능했다. 환자들은 최소 12개월의 치료를 받아야 퇴원할 수 있었는데, 그보다 먼저 조기 퇴원을 하려면 6회의 세균검사에서 음성 반응이 나와야 했다. 무엇보다 고향으로 돌아가기 위해서는 그들의 신체적 한계를 돌봐줄 수 있는 도우미(가족, 친척, 친지 등)와 그 지역에서 카빌에서 승인받은 치료약으로 지속적인 치료를 기꺼이 맡아줄 의사를 구해야만 했다. 환자 거트루드 혼보스텔(Gertrude Hornbostel)은 1948년 퇴원 허가를 받았다. 그리고 자신의 고향인 뉴욕(New York) 시의 보건부(New York Department of Health)로부터 후속치료(follow-up care)를 담당할 의료진을 확보할 것, '위생적인 조건에서(under hygienic conditions)' 거주하면서 1년에 한 번씩 한센병 재발 여부 검사를 받을 것, 그리고 어린이나 환자를 돌보는 업종에는 종사하지 않을 것 등의 조건을 준수할 것을 약속한 후 퇴원할 수 있었다. 환자 알.유.(R.U.)도 1944년 입원하고 1945년 대풍자유에서 프로민 치료요법으로 갈아탄 후 상태가 호전되어 1948년 퇴원을 신청하였다. 알.유.는 "나는 노인이고 대부분의 시간을 집에서 보낼 것이다. 가족들이 나를 경제적으로 도움을 줄 수 있기 때문에 돈을 벌 필요도 없다"고 진술하고 퇴원 승인을 받을 수 있었다.

1940년대를 통해서 한센병이 치료 가능한 질병임이 알려지자 1944년 공중보건법(Public Health Service Act of 1944) 역시 현실에 맞게 개정해야 했다. 이 법은 제정 당시 1917년 공중보건법과 마찬가지로 보건당국의 요청에 따라 강제적으로 한센병 환자를 적절한 병원으로 이송하고 구금하여 치료를 받게 할 수 있는 공중보건총감의 권한을 그대로 보장하고 있었다. 그러나 1947년 공중보건국은 여행 허가를 필요로 하고 격리가 필요한 질병 목록에서 한센병을 삭제하였다. 1952년에는 한센병 환자의 결혼이 허용되었고 1960년에는 부부의 동거가 가능하도록 남녀 기숙사를 개조하였다. 결국 1963년에 이르면 국제나회의에서 '나환자(leper)'란 단어를 삭제하고 다른 질병과 동일하게 취급할 것을 결의하기에 이르렀다.

1940년대 이후 시작된 한센병 치료는 지속적인 발전을 하였고 국립나병원 환자들의 삶에도 큰 변화를 야기하였다. 그러나 기적 같은 약의 개발과 효능 덕분으로 한센병 환자들은 병원을 떠날 수 있었음에도, 많은 환자들은 외부세계로 나가는 것을 두려워하며 카빌에 머무르는 것을 선택했다. 국립나병원에서 4년을 보내고 프로민 치료제의 도움으로 퇴원하게 된 환자 닉 패럴(Nick Farrel)은 병원으로부터 음식을 다루는 직업을 포함해서 어떤 직업을 가져도 상관없다는 승인을 받았는데도 불구하고, 그의 고용을 꺼리는 고용주와 직원들 때문에 취업이 힘들었다. 그는 한 인터뷰에서 '병원 외부 세계로 나가는 두려움, 직능 기술의 부족, 일반인들의 인식 부족' 등으로 퇴원이 가능한데도 병원을 떠나지 못하는 환자가 57명이나 된다고 지적하였다.

또한 카빌의 의료진 역시 썰폰 치료제 약 효능의 지속성에 대해서 회의적이었다. 1950년 연구에서 1945-1950년 사이 썰폰 치료제의 성공 이후 퇴원을 한 환자들의 경우, 썰폰 치료제를 낮은 용량이라도 지속적으로 사용한 경우 재발률은 4.5%, 중단한 경우 45%의 재발률을 보였다. 1947년 퇴원한 마틴 역시 한센병이 재발하여 국립나병원으로 되돌아와야만 했다. 그러나 이러한 퇴원을 주저하는 환자들이나 지속적인 약물 치료가 필요한 임상적 상황에도 불구하고, 대다수의 한센인들은 박탈당한 시민권과 인권을 회복할 수 있는 기회를 얻었다.

이상에서 살펴본 바와 같이 19세기 중반 동남아시아로부터 소개된 대풍자유는 한센병 완화제이자 치료제로 인기를 끌었다. 대풍자유는 경구복용이나 피하주사를 통하여 환자들에게 투여되었는데, 모두 심한 부작용을 동반하였고 효과가 지속적이지 못했다. 1940년대 국립나병원 소속 패짓의 과감한 시도와 환자들의 자발적인 임상실험 참여로 썰폰제 치료요법은 놀랄 만한 임상적 결과를 거두었다. 법적, 사회적, 문화적으로 차별적이고 소외된 삶을 영위했던 한센병 환자들은 1940년대 썰폰 치료제의 기적 같은 효과로 인해 완치에 대한 희망을 가지게 되었고, 카빌 환자들의 기본적인 인권과 시민권이 회복되고 다시 새롭게 정상인의 삶으로 복귀할 기회를 부여받았다. 그러나 일부 환자들은 다시 사회로 돌아가기를 주저하기도 하였고, 퇴원 후에도 지속적인 약물 치료를 받아야 하는 부담감은 여전히 남아 있었다.

## 나환자에서 한센인으로

한센병은 고대로부터 수천 년 동안 서구 사회는 물론 전 세계적으로 존재했던 질병이다. 서구 사회에서 한센병 환자의 격리는 20세기만의 독특한 현상이 아니었다. 중세 유럽 전역에 수천 개의 나환자수용시설(leprosarium)이 세워졌지만, 15세기에 이르면 한센병은 서구 세계에서 거의 잊힌 듯 했다. 19세기 후반 미국에서는 아시아 및 태평양 지역으로의 식민 진출과 경영의 필요성, 세계 각지로부터 몰려든 이민자들을 경계하는 분위기 속에서 한센병에 대한 두려움이 부활하였다. 이후 한센병 환자 격리 조치는 중요한 국가적 공중보건 정책으로 자리 잡았다.

1894년 루이지애나 주 뉴올리언스 시와 배턴 루즈 시 사이의 미시시피 강변에 위치한 카빌 시에 루이지애나 주립 나환자수용소가 세워졌다. 1921년에 미국 공중보건국은 한센병 감염으로부터 미국민들을 보호해야 한다는 인식에서 루이지애나 주립 나환자수용소를 인수하여 국립나병원으로 재탄생시켰다. 국립나병원에서 한센인들은 정치적, 사회적, 문화적으로 고립되고 외부 세계와 철저하게 격리된 삶을 살아야만 했다. 한센병과 관련된 사회적, 종교적 낙인은 모든 한센인들의 기본 인권과 시민권을 박탈하는 일련의 굴욕적인 규칙을 강요하였다. 국립나병원의 환자들은 외부세계와의 단절은 물론 그 병원 내부에서 인종별, 민족별, 성별로 분리되고 단절된 생활을 하였다. 19세기 중반 동남아시아에서 도입된 대풍자유 경구투입과 피하주사는 1940년까지 대표적인 한센병 완화 및 치료제였다. 그러나 썰폰제 치료제가 성공을 거두기 시작한 1940년대 중반 이후 대풍자유 치료요법은 공식적으로 중단되었다.

썰폰제 치료의 성공으로 1940년대 중반 이후 한센인들의 외적, 내적 삶에 큰 변화가 생겼고, 다시 정상의 삶으로 복귀할 수 있다는 희망을 주었다. 그러나 이러한 임상적 성공이나 외적인(법적, 사회적) 변화는 개명하면서까지 한센인의 삶으로 갈아탔던 모든 환자들을 완전하게 정상인의 세계로 복귀시키지 못했다. 기적 같은 약의 개발과 효능으로 인해 한센병 환자들은 병원을 떠날 수 있었지만, 많은 환자들은 외부세계로 나가는 것을 두려워하고 카빌에 머무르는 것을 선택하기도 하였다. 마틴이 한 인터뷰에서 "우리[한센인]는 비밀스러운 사람들이며…. 아무도 우리가 비밀의 세계를 걸고 있다는 것을 모를지도 모르지만, 우리는 조심히 비밀의 세계를 걸고 있다"라고 고백한 것은 의미심장했다. 한센병과 한센인을 둘러싼 문제는 육체를 갉아먹는 한센종균을 억제하고 제거하는 치료법이 성공하면 모두 사라질 것 같았다. 그러나 서구사회에서 종교적, 사회적, 문화적으로 오랜 세월을 거쳐 형성된 한센병에 대한 낙인과 편견을 도려내고 치유하는 문제는 환자 공동체를 중심으로 사회 전반의 지속적인 인식 변화를 꾀해야 하는 과제로 남았다.

# 치료에서 돌봄으로
## – '요양'이라는 의료의 등장

박성호
(경희대학교 인문학연구원 HK연구교수)

최근에는 이 요양의 의미가 좀 더 확대되어 환자 스스로가 자신의 몸과 마음을 쉰다는 의미뿐만 아니라, 환자가 효과적으로 휴식을 취하면서 병을 다스릴 수 있게끔 도와준다는 돌봄(care)의 의미로까지 확장되는 추세다. … 고령화사회의 도래와 더불어 '돌봄'에 대한 관심이 다시금 부각되고 있는 지금, 우리의 과거 속에서 요양이라는 것이 어떻게 의료의 일부로 편입되었고, 어떤 새로움을 추구하고자 했는지를 돌이켜보는 일은 각별한 의미를 부여할 수 있을 것이다.

## 요양이란 무엇인가

병에 걸렸을 때 환자가 취할 수 있는 가장 즉각적이면서도 효과적인 대응책은 무엇일까. 병원을 찾는 것? 약을 복용하는 것? 혹은 자신이 믿는 신에게 기도하는 것? 바로 '아무것도 하지 않는 것'이다. 병원에 가서 의사에게 진료를 받을 때에도 종종 이런 말을 듣는다. "당분간은 절대적인 안정을 취하셔야 합니다."

병을 다스리기 위해서 '아무것도 하지 않는' 행위를 흔히 요양, 혹은 정양(靜養)이라고 한다. 최근에는 이 요양의 의미가 좀 더 확대되어 환자 스스로가 자신의 몸과 마음을 쉰다는 의미뿐만 아니라, 환자가 효과적으로 휴식을 취하면서 병을 다스릴 수 있게끔 도와준다는 돌봄(care)의 의미로까지 확장되는 추세다. 사실 어원 자체를 따지더라도 '양(養)'에는 '기르다', '성장을 시키다', '진휼(賑恤)하다'와 같은 타동사의 의미가 포함되어 있는 만큼, 요양이 돌봄과 통하는 것을 특이하다고 말할 것도 없겠다.

하지만 요양이 의료의 일부로서 제도화되고 전문화되는 것은 어원과는 또다른 차원의 이야기이기도 하다. 요양이라는 말의 타동사적 함의를 감안하더라도 원래의 요양은 환자 스스로를 다스린다는 의미에 집중하는 경향이 강했고, 그래서 그 주체나 실천 역시 개인의 차원을 넘어서지 않았다. 아니, 애초에 요양이라는 치료의 방식을 택할 만큼의 경제적·사회적 여유를 확보한 계층에 속한 사람은 그리 많지도 않았다. 요양을 위해서 살던 곳을 벗어나는 것은 물론이려니와 생업을 유지하기 위한 경제활동조차도 포기할 수 있다는 건, 거꾸로 이야기하자면 그만큼 경제적 여유를 확보한 계층에 속하지 않고서는 요양 자체를 택할 수 없다는 의미이기도 했다.

그러나 오늘날의 요양은 이미 요양원이나 요양사와 같은 의료 제도의 일부로 자연스럽게 자리 잡고 있다. 그리고 지금은 환자뿐만 아니라 노약자를 대상으로 하는 요양원이나 출산 전후의 여성을 대상으로 하는 산후조리원 등 다양한 폭으로 확대되고 있는 양상이다. 이러한 변화는 근대적인 의료 체계가 도입되기 시작한 시점부터 따지더라도 고작해야 100여 년 안팎의 시간을 두고 벌어진 것들이다.

과연 그 출발점은 어디였을까. 우리는 어떻게 요양이라는 행위를, 혹은 '쉰다는' 것을 의료의 일부로 여기고 이를 의학과 제도의 한 부분으로 편입시키는 체계를 받아들이게 되었을까. 물론 요양병원의 등장이나 제도화에 대한 연구는 이미 다각도에서 이루어진 바 있고, 이에 대한 정보를 찾는 것도 그리 어렵지는 않다. 그래서 이 글에서는 제도적 변화나 시설의 변천과 같은 의사학(醫史學)의 관점 대신, 그보다는 한 발자국 떨어져서 당시 사람들의 인식 내에서 벌어지는 변화를 중심으로 살펴보려고 한다.

『세종실록』 중 권희달의 표문에서 나타난 표현, "한가로이 머물면서 20년 동안 신병을 요양하였다[居閑養病二十年]". 왼쪽에서 둘째 줄에서 확인 가능하다.(『조선왕조실록』 세종5권, 세종1년 10월 6일 기사)

## 요양, 그 낯선 익숙함에 관하여

병을 다스리기 위해 요양을 택한다는 접근법은 근대적인 의료에 의해서 생긴 사고방식은 아니다. 질병에 대한 전통적인 이해 내에서는 사람이 가지고 있는 고유의 생명에너지를 활용하여 스스로 병에 맞설 수 있게끔 하는 방식이란 결코 낯설지 않았다. 몸의 기력을 보충하고 병에 맞서기 위해 요양을 택하는 것은 그다지 특이하달 것도 없었다. 예컨대 『조선왕조실록』에서도 병을 다스리기 위해 요양을 하였다는 의미로 "養病(양병)"이라는 표현이 심심치않게 등장하는데, 보통 관직에서 물러나서 한가로이 지내면서 병을 다스린다는 맥락에서 사용되고는 하였다.

이런 접근법은 건강에 대한 전통적인 이해와도 연결된 것이었다. 20세기 초까지만 해도 대다수의 사람들은 신체든 정신이든 막론하고 인간에게는 일정한 '에너지'가 있어서 그 과부족에 따라 건강해지기도, 혹은 병들기도 한다고 생각했다. 대체로 이것을 '기(氣)'라고 일컬었다. 위장장애나 불면증과 같은 일상적인 경미한 증상에서부터 결핵이나 신경쇠약과 같은 본격적인 질병에 이르기까지, 그 원인으로 지목되는 것은 바로 '기의 부족'이었다. 아예 이를 두고 기가 부족한 증상, 즉 기허증(氣虛症)이라는 별도의 병명처럼 부르는 경우조차도 적지 않았다.

기가 부족해서 병에 걸린다는 논리는 병리학적으로 얼마나 정확한지의 여부는 차치하고서라도 당시 사람들이 이해하고 받아들이기 수월했다는 점 때문에 폭넓게 퍼져나갔다. 심지어는 근대 의료 지식을 적극적으로 수용하려고 힘썼던 지식층 사이에서도 이런 사고가 통용되는 경우가 적지 않았던 만큼, 대중의 차원에서는 기가 부족해서 병에 걸리니 기를 보충해주면 병이 낫는다는 식의 해석은 어렵잖게 보편화될 수 있었다.

당시 신문의 의약품 광고 가운데에서도 자양강장제 종류가 대다수를 차지했던 것은 이런 배경 탓이었다. 판매되는 약의 종류도 다양했고, 광고 문안에 등장하는 개발자도 제갈공명에서부터 미국의 어느 의학박사에 이르기까지 각양각색이었지만 그 효능이란 대체로 기력 회복에 방점이 찍혀 있었다. 그리고 이런 기력 회복을 통해서 소화불량이나 빈혈, 정력 감퇴, 불면증, 신경쇠약 등은 물론이고 결핵과 같은 감염병까지도 치료할 수 있

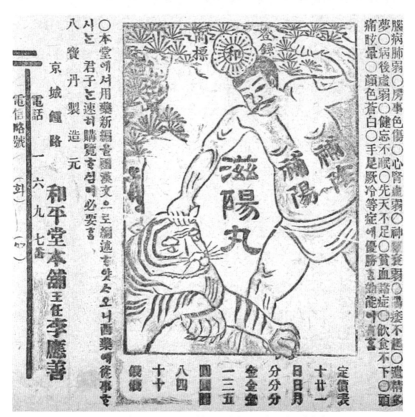

1911년의 자양환(滋陽丸) 광고. 이처럼 다양한 효능을 내세우는 게 일반적이었다.
《매일신보》 1911. 1. 24)

다는 게 이런 약들의 공통적인 논리였다.

요양 또한 이러한 행위의 연장선상에 있었다. 다만 1910년대 초반까지만 하더라도 대중교통을 이용한 장거리 이동이 쉽지 않았던 만큼 병을 다스릴 목적으로 요양을 떠난다는 것은 누구나 쉽게 택할 수 있는 방식은 아니었을 것이다. 산 속이나 해변 등과 같이 요양에 적합하다고 판단되는 장소에 대한 대중 일반의 접근성이 확보되는 건 최소한 철도와 같은 교통기관이 어느 정도는 보급된 이후의 일이었다. 1920~1930년대 소설에서 금강산이나 원산의 명사십리 해수욕장 등이 요양을 위한 장소로 심심찮게 등장할 수 있었던 것도, 1914년 경원선이 개통된 덕분에 가능한 일이었다.

하지만 그럼에도 불구하고 1920년대 이전의 소설에서도 병든 인물이 요양을 택하는 장면은 종종 등장한다. 최찬식의 「안의성」(1912)이라는 작품에서는 주인공인 정애가 병을 앓는다. 작중에서는 뇌점, 즉 결핵과 비슷한 병으로 점차 신체가 쇠약해져 가면서 정신이 희미해지고 오한을 앓는다고 되어 있는데, 남편은 부인의 병 구완을 위해서 강변의 별장으로 함께 요양을 간다. 선우일의 「두견성」이나 김우진의 「류화우」(1912)나 조중환의 「불여귀」(1912)에서도 폐병에 걸린 부인이 모처에서 요양 중이라는 설정이 제시되었다. 그런데 이 세 작품의 경우에는 도쿠토미 로카의 「호토키스(不如歸)」를 번안한 것이므로 원전에서 나온 요양 모티프를 그대로 가져온 경우라고 하겠다.

그런데 이들 인물은 대체로 비슷한 병을 앓는다. 화병이거나, 신경쇠약이거나, 혹은 폐병이다. 병명으로 놓고 보자면 제각각인 것 같지만, 사실 원인이나 증상 등을 따지고 보면 그 병이 그 병이다. 화병이라고 하는데 입으로 피를 토한다든가, 폐병이라고 하는데 전형적인 신경쇠약 증상을 보인다든가, 증상으로 보면 신경쇠약 같은데 정작 병명은 심장병--정확하게는 '심경병(心境病)'이다--이라든가 하는 식이다. 이런 병명의 혼재가 나타나는 건 앞서 언급한 질병의 이해 방식과 무관하지 않다. 기가 부족해지면 나타날 수 있는 병증은 정신과 육체를 가리지 않고 폭넓게 포진하고 있었으므로, 동일한 환자가 여러 종류의 질병을 동시에 겪는다거나, 혹은 서로 다른 병을 앓고 있는 환자의 증상이 동일하게 묘사되는 건 그리 이상한 일도 아니었다. 그런 만큼 대처 역시 요양과 같은 형태로 동일시되는 것도 이상하지 않았다. 특히 부족해진 기력을 보전한다는 측면에서는 더욱 그러했다.

앞서 언급한 「안의성」이라는 소설만 보더라도 그렇다. 남편은 정애에게 포도주를 권하면서 "이것이 자양품(滋養品)의 대왕"이라는 말을 전한다. 말 그대로 자양강장제의 일환으로 포도주를 복용하라고 주었다는 것이다. 물론 이게 당시 관점에서는 전혀 근거가 없는 행위는 아니었다. 일본에서 간행되었던 가정의학 관련 저서에서는 가정용 상비약의 하나로 적포도주를 비치해둘 것을 권하기도 했고, 일본 소설인 「호토토키스」에서도 폐병으로 인해 의식을 잃은 환자에게 의사가 포도주를 처방하는 장면이 등장하기도 했다. 어찌되었든 요양은 환자의 기력 회복을 위한 효과적인 수단으로 간주되었고, 이는 소설에서도 곧잘 반영되고는 했다.

하지만 소설 속의 이런 인물들이 의료기관을 통해서 요양을 수행하는 경우는 찾아보기 어렵다. 요양은 그냥 쉰다는 것, 혹은 기력을 보충한다는 것 정도로만 이해되었을 뿐 이를 구체적으로 어떻게 수행해야 하는지, 그리고 이러한 요법을 뒷받침하는 전문적인 지식은 어떠한 것인지에 대해서는 아직 보편화되지 않았던 시점이기 때문이다. 위에서 본 「안의성」의 사례에서도 정애의 남편이 의사였던 것도 아니요, 혹은 포도주를 처방하라는 의사의 판단이 있었던 것도 아니다. 「호토토키스」의 번안작들에서는 의사나 간호사가 포도주를 약품처럼 사용하기도 하지만, 이는 응급 상황에서의 일시적인 처방약으로 활용되었을 뿐 요양의 일환으로 기력 회복과 질병의 치유를 위한 정규적인 행위는 아니었다.

사실 이런 몇몇 작품들의 경우들을 제외한다면 1910년대까지만 해도 대체로 소설 속에서 병을 앓는 환자들이 택하는 길은 병와(病臥), 즉 집에서 그대로 자리보전을 하는 식이었다. 병원에 입원을 하거나 다른 곳에서 요양을 취하는 건 꽤 이례적이었다. 하물며 요양과 의료를 결합한 전문적인 요양원의 존재라는 건 아직 대중에게는 너무나도 낯설었다. 문학에서뿐만 아니라 실생활에서도 요양원이 가시적인 존재로 자리잡게 되는 데에는 아직 좀 더 시간을 요할 터였다.

### 요양, 병원을 만나다

요양과 병원이 결합하게 되는 건 1920년대 무렵이었던 것으로 보인다.

마산에 결핵요양원을 설치하자 - 오오카병원 원장의 건의(《부산일보》 1915.4.7)

물론 요양 목적의 시설이 존재했음을 엿볼 수 있는 건 1900년대부터이기는 했다. 1906년에는 일본군 사령부에서 통감부(統監府)에 요청하여 온양온천 부근에 요양소를 설치하게 했다는 기록도 있고, 1909년에는 동래온천의 일부가 일본군을 위한 요양시설로 징발되었다고도 했다. 당시 군사령부에서는 온천이 부상병의 치료에 적합하다고 판단하여 이러한 요양소 설치를 추진했다고 되어 있어서, 의료기관의 목적이라기보다는 부상병들을 위한 휴양 시설로 간주되었던 것이 아닐까 싶다. 1913년에는 의주 지역에서 아편 중독자를 대상으로 하는 요양소가 운영되었다는 기록도 있는데, 일정한 성적을 보였음에도 폐소(廢所)를 논의 중이라고 하는 걸 보면 상설 기관은 아니었던 것 같다.

본격적인 의료기관으로서의 요양원에 대한 논의가 등장하는 건 1910년대 중후반 무렵의 일이다. 마산 지역에 결핵 치료를 위한 요양원을 건립하자는 건의가 1915년 4월 《부산일보》에 사흘 간에 걸친 연속기사 형태로 게재되었다. 투고자는 오오카병원(大岡病院)의 원장이던 오오카 키(大岡規).

그에 따르면 본국의 보건위생 정책에 의거해서 급성감염병에 대한 의료시설은 어느 정도 충실해졌으나, 결핵과 같은 만성감염병에 대해서는 아직 그 대응이 부족한 상황이므로 결핵을 위한 요양원을 지어서 이에 대응해야 한다는 것이었다.

1925년 1월 23일자 《경성일보》의 보도에서는 다케시타[竹下]라는 의사가 경성역 앞의 어느 여관에 거처를 정하고 임시치료소를 운영하다가 이를 확대해서 결핵 환자 등을 대상으로 하는 요양원으로 운영한다고 하였다. 그는 군의관으로 활동하다가 전역 후 결핵에 효과가 좋은 주사약을 발명했다고 하는데, 그 진위는 다소 의심스럽지만 어찌되었든 결핵이나 기타 난치성 질환에 대응하는 병원을 열겠다고 한다. 그 병원의 이름 역시 '다케시타 요양원'이다. 그밖에도 《매일신보》나 《중외일보》 등의 신문에서 요양원 개설과 관련된 기사들이 종종 보이는데, 대체로는 결핵이나 한센병과 같은 난치성 질환에 대응하기 위한 목적으로 홍보되고는 했다.

그중에서도 살펴볼 만한 건 해주구세병원(海州救世病院)에서 설립한 결핵 요양원이다. 1928년 10월에 건립된 이 요양원은 결핵 치료를 전문으로 내세우면서 설치되었다는 점에서 눈에 띈다. 결핵은 비록 그 병원체를 일찌감치 확인하기는 했어도 이에 대한 마땅한 치료제는 나오지 않은 상황이었다. 결핵에 효과적인 항생물질로 알려진 스트렙토마이신(Streptomycin)이 등장한 것이 1940년대 중후반의 일이니, 1920~30년대에 결핵에 대응하는 방법이란 결국 청결한 환경에서 환자를 돌보는 것이 최선이었던 셈이다.

1929년 기준으로 한반도 내에서 요양원을 설치·운용했던 지역은 해주,

해주요양원(《매일신보》 1928.11.2)

경성, 평양 세 곳이다. 경성에는 세브란스 병원 내에 결핵을 전문으로 하는 요양원이 설치되었다. 병원에 비해 요양원의 도입 시기는 비교적 늦은 편이었고, 그 숫자도 많지 않았으며, 대부분은 사립(私立)이라는 형태에 의존했다. 병원의 경우 조선총독부가 앞장서서 총독부병원은 물론 각 도에 자혜의원(慈惠醫院)까지 세워 가면서 그 보급에 적극적으로 앞장섰던 것과 달리, 요양원의 보급은 상당히 더딘 편이었다.

물론 이전에도 요양원과 비슷한 제도가 아주 없었던 것은 아니다. 유사한 것으로는 '피병원(避病院)'이라는 개념을 꼽을 수 있겠다. 피병원은 이미 1899년부터 병원 세칙에 의해 그 설립 규칙이 제정된 상태였다. 또한 동년

樂奉叙判任官八等 金養浩 ○任 永懷
圖籤奉叙判任官八等李容憲 ○李 完
尹大善 李重九 命內藏司水輪課查檢
委員 以上五月十四日

●院病細則 (前號續)

第十一條 紀元節과 誕辰節과 名節日
과日曜日에는診察호는業을休홀事

第十二條 製藥師가藥料을買買호고文
簿と間五日호야衛生局長과圖章을捺
호야相交홀事

第十三條 製藥所와 各項用費と衛生局
에셔支出호고藥價收入金은衛生局으
로納홀事

第十四條 避病院을設호되人家五十步
外에山水을擇호야惡疾을傳染치勿케
홀事

第十五條 避病院의上中下三等間을設
호고病人의所請을依호되上等間은一
人이오中等間은二三人이오下等間은
無室無依호는 所費홀上等

第十六條 避病院에留호는病人을其所費を上等
中等下等을分호되無室無依호는者에게
는受치勿홀事

第十七條 病人의飲食은醫師의指揮를
讓호야避病院에셔饋호고外他飲食은
禁止할事

第十八條 病人의親族間의 來院호야救
護호는者의飲食은或運轉來往호야도

醫師가檢查홀事

第十九條 避病院에醫師가每日一次式
躬往診察호고來往人의衣服車與을消
毒홀事

第二十條 無室無依한者가病院에셔死
호면死屍는地方埋葬費例를依호야衛
生局에셔公款으로支辦홀事

第二十一條 避病院에셔는染病虎列剌
病瘮瘠等으로他人에게傳染되는病人
을治療홀事

第二十二條 避病院에셔病人이三十名
이逾호면病院長이內部로報告홀事

第二十三條 虎列剌와傳染病이有호면
診察호는時間을勿拘호고諸醫師가合
同視務홀事

第二十四條 監獄署에도避病間을置호
야惡疾이有호면該間에移囚호야他罪
人에게傳染치勿케홀事

●勅令第十八號 地方制度中各開港場
醫務署設置勅令改正件

光武三年五月八日

開國五百五年度 勅令第五十二號第一
條仁川東萊三和務安下에沃溝昌原四字
를添入호고德源下에城津二字를添入호
고慶興下에平壤二字를添入호고第二條
港昌原港六字를添入호고德源港下에沃溝
津港三字를添入호고慶興港下에平壤開
港昌原港六字를添入호고德源港下에城
職員과俸給과經費表中務安下에沃溝
津港三字를添入호고慶興港下에平壤開

병원 세칙 중 피병원 관련 항목(《황성신문》 1899.5.17)

에 발표된 내부령 제23호 발진티푸스 예방규칙에서도 "피병원과 요양소 등을 개설"함으로써 이러한 질병의 확산에 대응한다는 언급이 나오는 것으로 보건대, 피병원과 요양소는 서로 유사한 목적의 기관으로 간주되었다는 점을 확인할 수 있겠다.

다만 피병원은 요양보다는 격리를 주된 목적으로 했다는 점에서 요양병원과는 다소 차이가 있다. 감염병 환자들을 격리 수용함으로써 감염병이 확산되는 것을 막는 게 주된 목적이었지, 이 환자들을 효과적으로 치료하기 위해서 운용했던 시설이라고 보기는 힘들었다. 물론 의료적 처치가 전혀 이루어지지 않았다고는 할 수 없지만, 그 출발점이 '치료'보다는 '격리'에 가까웠다는 점은 명확하다. 위의 병원 세칙 내에서도 인가(人家)로부터 50보 이상 떨어진 곳에 설치할 것, 콜레라를 비롯한 각종 전염병 환자들을 치료함을 목적으로 할 것 등을 명시해두고 있었기 때문이다.

물론 피병원을 설립한 목적은 유사시 의료 혜택을 효과적으로 받기 힘든 빈민층을 대상으로 적극적인 보건의료 활동을 펼침으로써 감염병의 확산을 막겠다는 측면도 있기는 했다. 하지만 아무래도 감염병 차단에 주된 목적을 두다 보니 개별 환자의 입장에서는 오히려 피병원을 꺼리게 되는 일도 적잖이 발생했다. 당국에서는 감염병을 효과적으로 치료하기 위해 피병원에 수용하는 것이라며 사람들을 설득하려고 힘썼지만, 대중 사이에서는 오히려 피병원에 대한 부정적인 인식 또한 적지 않았다. 천연두에 걸린 아이가 피병원에 입원하는 일을 막기 위해 아이를 꽁꽁 숨기거나, 전염병 치료를 위해 이미 피병원에 입원한 환자가 감시망을 피해 도주하는 일도 적지 않았다. 한편으로는 해산 때문에 복통을 호소하는 임산부를 두고 장티푸스와 같은 전염병으로 오인한 일본인 순사들이 피병원으로 보낼 것을 강요했다든가, 설사를 일으킨 환자를 순사의 지도 하에 피병원으로 보내봤더니 그 생사를 알 수 없게 되었다는 기사 등도 적잖이 등장했던 것을 보면 피병원의 운영 과정도 그다지 순탄하지는 못했다는 걸 알 수 있다.

문학에서는 어떠했을까. 아주 단편적인 서술이기는 하지만, 최찬식의 「능라도」(1918)라는 소설에서 요양과 병원이 결합된 장면을 잠시 엿볼 수 있기는 하다. 이 소설에서 주인공인 도영은 자신의 남편인 정린과의 이별로 인하여 정신질환을 앓게 되는데, 오빠인 춘식은 그런 동생을 염려하여 그녀를 동경병원이라는 곳에 입원시킨다. 그런데 이 병원에서 그녀가 받는 치료라는 것은 잘 가꾸어진 정원을 산책하거나, 공기가 신선한 곳에서 나들이를 즐기는 것이 대부분이다. 그리고 이러한 처방은 의사에 의해 이루어진 것이며, 춘식은 의사의 지시를 충실히 좇아서 동생을 데리고 여기저기 구경을 다닌다.

물론 의사의 이러한 처방이 직접적으로 도영의 병을 치료해주지는 않는다. 도영이 낫게 되는 건 이처럼 의사의 처방을 좇아 여기저기 요양 삼아 구경을 다니다가 우연히 남편인 정린과 재회하게 되면서이다. 하지만 요양이라는 행위가 일반적인 통념에 기반한 휴식을 통해서 질병을 다스린다는 차원을 넘어서, 병원과 의사라는 근대 의료의 체제 하에 처방과 치료의 일환으로 제시되기 시작했다는 점은 눈여겨볼 대목이다.

요양은 점차 개인의 선택에서 전문가의 선택에 의한 의료적 처방의 형태로 변모해 나가고 있었다. 사실 「능라도」의 주인공 도영이나 그 오빠인 춘식은 사회적·경제적으로 그다지 풍족했던 인물은 아니다. 앞서 언급했던 「안의성」이나 「두견성」, 「불여귀」 등의 작품 속에서 요양을 택했던 주체들이 하나같이 귀족이나 군인과 같은 비교적 상류층에 속하는 사람들이었다는 점을 생각해보면 이 차이는 좀 더 뚜렷해진다. 게다가 도영은 조선총독부의원에서 실시하는 간호사 시험에 합격하여 일등간호부(一等看護婦) 자격을 얻고 월급 15원을 받으면서 간호사로 근무한 이력도 있었다. 간호사였던 사람이 정신질환을 앓으면서 동경병원에 입원하여 요양을 하게 된다는 설정은 이미 요양이라는 것이 의료적 처치의 일환으로 근대 의료 시스템 내에 편입되고 있었다는 걸 보여주는 셈이었다.


## 「사랑」의 요양원, 치료에서 돌봄으로

　　문학 작품에서 요양병원이 구체적으로 등장하는 건 이광수의 「사랑」(1939)이라는 장편소설에서다. 이 소설의 주인공인 '안빈'과 '석순옥'은 각기 의사와 간호사로서 이상적인 의료를 펼치기 위해 고군분투하는 인물이다. 안빈은 그 자신도 결핵을 앓은 적이 있었거니와, 부인인 옥남을 치료하기 위해서라도 일찌감치 결핵 치료에 뜻을 두고 의학실험을 진행하고 있었다.

　　그의 실험에 따르면 결핵 치료에 가장 핵심이 되는 것은 환자의 마음을 다스리는 일, 즉 '섭심(攝心)'이었다. 이를 가능하게 하기 위해서는 먼저 의

春園의「사랑」讀後感

金 基 鎭

여러번 죽엄의門압헤까지 다 닷다가 아는사람들로부터여러, 奇蹟이라고할만치 아는사람이 蘇譏한것이라면 寫外라고할만큼, 보기조케 健康을도루자긔의것으로 차저버리는 病春園은, 이번에도 오래동안 床에서, 呻吟하엿섯스나 普通사람이 숭내지못할한 精力을 쏘더가지고 春作「사랑」의前編을 우리들에게 보내주엇다. 그의이가를精力의所產인「사랑」은 장마다 春園이 지금 찻고잇는길은

여러번 아는사람들로부터여러

나는「사랑」을읽으면서「이것은 小說이아니다」하얏다。 한면서도 「꼿까지 다읽지아니치못햇다 왜?이册엔 强하거 읽히게하는 힘이잇섯든까닭이다。 그것은, 矛盾덩어리지마는 — 生의苦憫에서解脫하고저 부둥 애를쓰는、春園自身의 貴한靈魂의 戀態가册의이가를精力의册이다。

×

길에서「착한사람이되는걸」을 차저내고서 그길을 여러사람에게、알리기위해서이「사랑」의 길을 만혼사람의 가슴속에 열어 유혓다. 그런故로「사랑」 만흔사람의 目的의 大部分을이루엇다할것이오、小說이 잘되고 못되것가름은 春園에게 그닥지問題되지안을것이라고생각한다。

×

元來부터 春園은 理想主義者요、「센티멘타리스트」요、政治家라하기보담 詩人이요、街頭의

「무엇이 어쩌케 엿는가?」그것을 삿삿치 비집고 쒸어벌트시 보자고하는것도아니오、어쩌케 보고하면 찰질까?」하는 길을 차저보고저함도아니오、다만「어쩌케 면착한면착한사람이될까?」하는 그길을「착한사람이되는걸」을 그리하야 春園

이광수의 〈사랑〉에 대한 김기진의 평론(《매일신보》1938.11.16)

료인부터가 자신의 안위조차 잊은 채 오로지 환자를 위한 마음으로 헌신함으로써 환자가 마음을 편안하게 가지고 자신의 질병을 다스리게 만들어야 한다는 것이었다. 이광수가 「사랑」을 통해 제시한 이와 같은 의료윤리는 사실 이전의 다른 소설에서는 찾아보기 힘든 것이기도 했다. 보통은 의사니까 사람을 살리는 일을 최우선으로 해야 한다는 식의 단편적인 선언이나 있었을 뿐, 불교의 자비와 기독교의 아가페 관념을 끌어와서 의료인이 갖추어야 할 윤리가 무엇인지를 구체적으로 설파한 경우는 없었기 때문이다.

「사랑」의 주인공 안빈은 비단 의료인의 윤리에 대해서만 뜻을 품었던 게 아니다. 소설 중반부에서부터는 자신이 생각하는 최선의 의료를 실천할 수 있는 공간에 대한 포부를 드러낸다. 안빈의 관점에서는 병을 다스리는 데 중요한 것은 환자 자신의 마음을 편안하게 해주는 것이며, 의료인은 헌신적으로 이를 보조함으로써 환자가 스스로 자신의 병을 다스릴 수 있게 만드는 것이 본연의 역할이었다. 하지만 기존의 의료기관은 의약(醫藥)이 중심이 될 뿐 이러한 자신의 이상을 구현하는 데에는 한계가 있으므로, 복잡한 시내에서 벗어나서 깨끗하고 한적한 공간에 환자들을 수용할 수 있는 의료기관을 설립하고 이곳에서 자신이 생각하는 이상적인 의료를 구현하리라는 것이었다.

그래서 만들어진 것이 바로 '북한요양원'이었다. 이름 때문에 오해하기 쉽지만 현재의 북한과는 아무런 관계가 없다. 애초에 소설이 집필된 것 자체가 1939년의 일이니까. 다만 요양원의 위치가 지금의 북한산 언저리쯤으로 비정되어 있기에 저와 같은 이름을 붙인 것으로 보인다. 당시만 해도 결핵을 다스리는 가장 효과적인 방법으로 거론되던 것이 깨끗하고 조용한 환경에서 심신의 안정을 취하는 것이었으므로, 이를 실천할 수 있는 가장 적절한 공간으로 채택된 것이 경성 시내에서 약간 떨어진 산 속에 종합시설을 마련하고 그곳에서 환자들의 요양과 더불어 의료진에 의한 전문적인 치료를 겸하는 것이었다.

북한요양원의 실체가 드러나는 건 소설의 맨 마지막 부분에서다. 안빈과 석순옥은 물론 소설에서 등장했던 이런저런 의사나 간호사들이 마지막에 모여든 곳이 바로 북한요양원이다. 그들은 이곳에서 안빈의 뜻을 좇아 이상적인 의료, 즉 환자에 대한 이타적인 의료를 실천하기에 힘쓴다. 이 북한요양원은 그야말로 환자들을 위한 낙원이다. 오죽하면 이곳에서 1년가량 치료를 받고 퇴원한 어느 시인이 "북한의 낙원! 거기는 밝은 빛과 따뜻한 대기가 있다. 그것은 사랑이다, 사랑에서 솟는 기쁨이다"라고 찬미했노라는 (소설 속의) 기록까지 있을까. 심지어는 외국인 선교사들이 헌신적으로 사람들을 돌보았던 연길의 병원조차도 이 북한요양원에 비하면 무겁고 음침한 곳이었다고 서술될 정도다.

하지만 이러한 요양원의 존재가 과연 실질과 얼마나 가깝게 묘사된 것인지를 판단하기란 곤란하다. 애초에 이광수가 「사랑」에서 설정한 시공간 자체가 소설의 본무대로부터 10여 년이 흐른 뒤, 즉 현실적인 시간을 대입하자면 1940년대 중후반 무렵이기 때문이다. 우리가 익히 알고 있듯이 이 시기라면 제2차 세계대전과 분단, 그리고 얼마 후에 닥치게 될 한국전쟁 등으로 인한 격동과 혼란을 겪었던 것이 실제의 역사다. 그러한 관점에서 본다면 「사랑」에서 등장한 북한요양원이라는 곳은 차라리 무릉도원과 같은 상상 속의 이상향이라고 보는 게 더 적절하게 보일 지경이다.

그럼에도 불구하고 주목해야 하는 부분은 이광수가 북한요양원이라는 곳을 통해서 질병을 다스리는 데에 가장 중요한 것은 '마음'이라는 점을 강조했다는 사실이다. 요양원이라는 공간은 의료적 처치를 위한 전문가와 기술·설비를 핵심으로 하는 것이 아니라, 환자들에 대한 의료인-간병인들의 헌신을 통해서 환자 스스로가 마음을 편안하게 가지고 병을 다스리게끔 한다는 데 있다는 것이었다. 이는 요양원의 공간적·제도적 차이를 넘어서, 요양원이라는 새로운 '의료관'을 역설하고자 했다는 점에 의미가 있겠다.

이런 시각은 공교롭게도 오늘날의 의료가 직면한 문제점들과도 상통하는 부분이 있다. 4차 산업혁명과 더불어 본격화된 첨단의료는 의료의 새로운 지평을 열어주기도 했지만, 다른 한편으로는 의료의 중심을 차지한 기술 권력이 오히려 인간을 소외시켜 버리는 결과를 낳고 있다는 비판으로부터도 자유롭지 못하다. 이런 시대에 의료의 중심이 되어야 하는 것은 과연 AI나 나노테크놀로지로 대변되는 첨단기술일까, 혹은 그와는 전혀 다른 축 위에 자리잡고 있는 '인간의 마음'일까. 특히 고령화사회의 도래와 더불어 '돌봄'에 대한 관심이 다시금 부각되고 있는 지금, 우리의 과거 속에서 요양이라는 것이 어떻게 의료의 일부로 편입되었고, 어떤 새로움을 추구하고자 했는지를 돌이켜보는 일은 각별한 의미를 부여할 수 있을 것이다.

# 불교 승원에서는
# 환자를 어떻게 치료했나

이은영
(경희대학교 인문학연구원 HK연구교수)

양영순
(한국외국어대학교 인도연구소 HK연구교수)

점차 불교에서 자비가 강조되면서 승원의 의료, 또 거기서 의료를 배운 의승(醫僧)들의 활약은 아프고 고통받는 이들에 대한 자비 실천의 일환이 되었다. 본래 불교에서 의료는 출가해서 공동생활을 하는 승려들 자신의 몸을 돌보고 치료하기 위해 시작되었다. 수행에 적합한 몸을 만드는 수단이거나 공동의 수행 생활에서 부수적인 일이었던 셈이다. 그러나 서로를 돌보고 일반인까지 돌보는 과정에서 의료는 자비 실천의 일환으로서, 즉 그 자체로 수행의 일부가 되었다.

## 승원에 환자가 발생하다

고따마 붓다 재세시의 불교 승원을 배경으로 하는 빨리어 율장 비나야삐따까(*Vinayapiṭaka*)의 『마하박가』(*Mahāvagga*, 大品), 「약건도(藥犍度, *Bhesajjakkhandhaka*)」는 승원에 환자가 발생했다는 이야기로 시작한다.

한때 존귀한 붓다께서 사밧티(Sāvatthi)의 아나타삔디까(Anāthapiṇḍika) 승원에 계셨다. 그때 수행승들은 가을을 지내면서 병이 들어 죽을 먹어도 토하고 밥을 먹어도 토했다. 그들은 수척하고 거칠고 추해졌고 점차 황달 증세를 보이며 핏줄이 드러났다.

붓다고사(Buddhaghosa)는 비나야삐따까의 주석서 『사만따빠사디까(*Samantapāsādikā*)』에서 이 병이 가을에 발생하는 삣따병(pittābādha)이라고 한다. 인도의 전통의학에서는 신체가 세 가지 도샤(dosa)인 삣따(pitta, 담즙), 까파(kapha, 점액), 바따(vāta, 風)로 구성되어 있고, 이것들의 불균형과 이상으로 질병이 일어난다고 한다. 우기(雨期) 동안 찬비를 맞으며 오래 걷던 수행승들의 몸에 갑자기 가을볕이 비치면 삣따(담즙)가 창자에 쌓여 병이 나게 된다. 그리고 합병증으로 바따가 손상되면서 소화불량 등의 증세가 나타난다.

집을 떠나 돌보아줄 부모나 형제, 자매도 없는 출가승들이 이렇게 병이 나면 어떻게 해야 할까? 고따마 붓다는 승원에 아픈 승려들이 있다는 말을 듣고 생각한다.

'수행승들에게 어떤 약을 복용해도 된다고 허락할까? 그것은 약 혹은 세상에서 약품으로 간주된 것으로 사람들의 자양에 도움이 되고, 거칠지 않은 음식이어야 할 것이다.'

이렇게 해서 붓다는 그 당시 민간에서 영양가 높고 부드러우며 약으로 간주되던 다섯 가지 기본 약, 즉 정제버터(sappi, 熟酥), 생버터(navanīta, 生酥), 기름(tela), 꿀(madhu), 사탕수수즙(phāṇita)을 약으로 복용하도록 허락했다. 당시에 출가승은 정오까지만 식사하도록 계율로 정해져 있었다. 그래서 병든 승려들도 처음에는 이 다섯 가지 약을 그 시간에만 복용했지만 이들의 병에 차도가 없자 붓다는 시간에 구애받지 않고 복용할 수 있게 허락했다. 개인적으로 보관도 할 수 있었지만 일주일까지만이었다. 이렇게 보관 기한을 정하게 된 계기가 있었다. 처음에 승려들은 재가자들에게 시주 받은 다섯 가지 약들에 욕심을 부려 단지나 행낭 등 이곳저곳에 그것들을 보관해 두었다. 그러자 승원에 쥐가 들끓었으며 재가자들은 출가승들의 과

욕에 눈살을 찌푸렸다. 욕망을 다스려야 하는 출가승에게 이러한 과욕은
적합하지 않고 또 시주를 해주는 재가자들의 비난은 승단에 도움이 되지
않았다. 그래서 붓다는 일주일까지만 이 약들을 보관할 수 있게 정했으며,
일주일이 지나면 다른 승려에게 주도록 했다.


## 율장에 담긴 승원의 의료

불교 승단에 출가한 승려들은 엄격한 계율의 제재를 받는 생활을 한다.
율장은 그러한 계율을 모은 불교 문헌이다. 일반인들은 경제적 여유만 있
다면 자신이 원하는 때, 원하는 종류의 음식이나 약을 마음대로 먹을 수
있지만, 수행승들은 몸이 아파도 약효의 유무와 별개로 아무것이나 아무
때나 복용하거나 치료약으로 사용할 수 없었다. 그래서 붓다가 자신이나
승려들의 민간의료 지식이나 그 당시 의사들의 권고를 바탕으로 어떠한
질병에 무엇을 약과 치료법으로 허용할지, 또 약의 경우 그것을 언제 복용
해도 될지를 계율로 정했다. 이 과정은 승원에 특정 질병을 앓는 환자가
발생하고, 그 병에 어떠한 약이나 치료법이 필요한지 파악하며, 붓다가 그
것을 허락하거나 허락하지 않는 방식으로 이루어졌다. 경험적으로 환자의
질병 경과를 관찰하고 치료 방법을 변경해 나가는 과정을 거치기도 했다.
다음과 같은 식이다.

한때 존자 삘린다밧차(Pilindavaccha)의 사지에 통증이 있었다. 붓다께 그 사실을 알리자, 붓다는 "비구들이여, 발한(發汗)을 허용한다."라고 했다. 그런데 삘린다밧차가 낫지 않았다. 붓다께 그 사실을 알리자, 붓다는 "비구들이여, 허브 찜질을 허용한다."라고 했다. 그래도 낫지 않았다. 붓다께 그 사실을 알리자, 붓다는 "비구들이여, 대발한을 허용한다."라고 했다. 그러나 낫지 않았다. 붓다께 그 사실을 알리자, 붓다는 "비구들이여, 마탕(麻湯)을 허용한다." 그래도 낫지 않았다. 붓다께 그 사실을 알리자, 세존은 "비구들이여, 욕탕(浴湯)을 허용한다."라고 했다.

붓다고사의 주석에 따르면, '대발한'은 사람 크기의 화로에 숯불을 넣고 그 위에 흙, 모래, 잎사귀를 덮은 후 환자를 그 위에 눕혀서 기름을 사지에 바르고 뒹굴게 하여 땀을 내는 방법이다. '마탕'은 대마 잎을 끓인 물을 환자에게 반복해서 끼얹어 땀을 내게 하는 방법이다. '욕탕'은 더운 물로 채운 욕조에서 땀을 내게 하는 방법이다.

이처럼 승원에서 발생한 질병과 이를 치료하기 위해 허용된 약과 치료법을 기록한 율장의 「약건도」는 불교 계율을 담은 기록이자 고대 인도 불교 승원의 의료 실태를 알려준다. 고따마 붓다의 생몰연대에 대해서는 크게 기원전 624~544년 설, 기원전 565~485년 설, 기원전 463~383년 설이 있다. 그러니 「약건도」를 통해 길게 보면 기원전 7세기, 짧게 보아도 기원전 4세기경 인도 불교 승원의 의료 행태를 알 수 있는 것이다. 빨리어 율장만이 아니라 『사분율』, 『십송율』, 『오분율』 등 한역 율장에도 「약건도」에 대응하는 부분이 있어서 우리는 율장을 통해 불교 승원의 의료 상황을 파악할 수 있다.


## 승원의 질병과 치료

그렇다면 고대 인도의 승려들은 어떤 병을 앓았을까? 「약건도」에서는 삘린다밧차(Pilindavaccha)가 여러 가지 병을 앓았다고 전한다. 우선 피의 순환이나 호흡을 관장하는 바따(vāta, 風)의 이상으로 생긴 바따병(vātābādha, 風病) 외에도 사지통, 관절통, 복통을 앓았다. 두통에 시달렸고 발이 갈라져서 고생했다는 기록도 있다. 베랏타시사(Belaṭṭhasīsa)는 큰 종기가 나서 상처의 진물 때문에 승복이 피부에 달라붙을 정도였다. 상수제자 사리뿟따(Sāriputta)는 열병을 앓았다. 이렇게 이름이 거론된 승려들도 있지만 대개는 병을 앓은 승려들을 '어떤 비구'라고만 기록하고 있다. 그 '어떤 비구'들은 종기, 피부병, 눈병, 치질, 황달, 소화불량, 체액 불균형 등을 앓았다. 뱀에 물리거나 유독물 복용으로 고생하기도 했다. 또한 빙의병, 즉 귀신들린 병에 걸린 승려도 있었다.

승원에서는 다양한 치료가 행해졌는데, 가장 일반적인 치료 방법은 약을 복용하는 것이다. 앞에서 가을에 병이 난 승려들에게 허용한 정제버터, 생버터, 기름, 꿀, 사탕수수즙은 다섯 가지 기본 약으로 불리는 것들이다. 승원에서 사용한 약은 식물의 뿌리, 수렴제, 잎사귀, 열매, 수지(樹脂) 등 식물성 약이 큰 비중을 차지했다. 사용된 식물의 종류는 다음과 같다.

| 뿌리 | 강황, 생강, 창포, 백창포, 아띠비사, 호황련, 베티베르풀, 향부자 등의 뿌리 |
|---|---|
| 수렴제 | 님나무, 꾸따자, 오이, 빡까바, 인도참나무 등의 수렴제 |
| 잎 | 님나무, 꾸따자, 오이, 바질, 목화나무 등의 잎 |
| 열매 | 비랑가, 후추, 검은 후추, 아시아자두, 벨레릭, 여감자, 터키베리 등의 열매 |
| 수지 | 아위, 아위수지, 아위껌, 따까, 따까빳띠, 따까빤니 등의 수지 |

　　승려들이 채식하는 우리나라에서는 의외로 여겨질 수 있겠지만 인도의 초기불교 승원에서는 동물의 지방이나 고기 등 동물성 약도 사용했다. 심지어 빙의병에 걸린 승려가 다른 치료법으로 차도가 없자 도살장에 데려가 돼지의 생고기와 생피(āmakalohita)를 마시게 했다는 기록도 있다. 지방은 곰, 생선, 악어, 돼지, 당나귀의 지방을 사용했다. 약으로 고깃국을 먹기도 했지만 아무 동물의 고기나 먹을 수 있었던 것은 아니다. 코끼리, 말, 개, 뱀, 사자, 호랑이, 표범, 곰, 하이에나의 고기는 먹어서는 안 되었다. 이 동물들의 식용을 금지한 데는 나름의 이유들이 있다. 먼저 코끼리와 말은 왕의 표상이기 때문에 먹어서는 안 된다. 개고기와 뱀은 혐오스럽고 역겨워서 안 된다. 뱀이나 사자, 호랑이, 표범, 곰, 하이에나는 그것들을 섭취했을 때 해당 동물들이 냄새를 맡고 공격할 수 있기 때문에 식용을 금지했다. 물론 인육의 섭취도 금지했는데, 금지의 계기가 있었다. 「약건도」에서 전하는 그 계기를 간추리면 다음과 같다.

어느 날 재가신도 숩삐야(Suppiyā)가 승원을 돌아보며 아픈 승려들에게 필요한 것이 없는지 살펴보고 있었다. 한 승려가 약으로 고깃국이 필요하다고 했다. 숩삐야는 고기를 구해주겠다고 승려에게 약속하고 하인을 시켜 고기를 구해오게 했다. 그러나 바라나시를 다 돌아다녀도 하인은 고기를 구할 수 없었다. 도살이 금지된 날이었기 때문이다.

"그 아픈 승려가 고깃국을 얻지 못하면 병이 심해지거나 죽을 수도 있어. 내가 약속을 해놓고 가져가지 않으면 그건 옳은 일이 아니지!"

숩삐야는 이렇게 생각하고는 단검으로 자신의 허벅지 살을 베어내어 그것을 하인에게 주며 말했다.

"이것으로 고깃국을 끓여 그 병든 승려에게 갖다 주어라. 나에 대해 묻거든 아프다고 하거라."

아파서 누워 있는 숩삐야에게 자초지종을 들은 그녀의 남편은 자신의 살까지 보시한 대단한 믿음이라며 기뻐했다. 그리고는 공양을 드려야겠다 생각하고 붓다를 초청했다. 붓다를 친견하자마자 놀랍게도 숩삐야의 상처는 치유되었다. 붓다는 숩삐야와 그 남편에게 법문을 들려주고 그들을 격려하고 돌아와서 승려들을 불러 모았다.

"누가 재가 여신도 숩삐야에게 고기를 부탁했는가?"

붓다는 인육을 먹은 승려가 누구인지를 확인하고 나무랐다.

"어리석은 자여, 그대는 왜 알아보지도 않고 그 고기를 먹었는가? 그대는 인육을 먹은 것이었다!"

붓다는 인육을 먹는 행위가 사람들을 청정한 믿음으로 이끌지 못하고 오히려 불신과 타락으로 이끌 수 있다고 꾸짖었다. 그리고는 청정한 믿음을 가진 사람들이 자신의 살을 보시하더라도 인육을 먹어서는 안 된다고 가르쳤다.

승원에서는 소금, 동물의 똥오줌, 진흙, 끓인 염료, 재도 약으로 사용했다. 예를 들어 복통에는 소금을 넣은 시큼한 죽을 먹게 했고, 뱀에 물렸을 때는 동물의 똥과 오줌, 재, 진흙을 사용했다. 독을 먹었을 때는 똥물, 혹마술로 만든 독극물을 먹었을 때는 진흙 달인 물을 복용하게 했다. 지금으로서는 약으로 사용하기에 적절한지 의구심이 드는 것들도 있지만 기원전 4~7세기의 의료임을 감안해서 볼 필요가 있다.

인도는 고대부터 안과 치료가 발달했다고 알려져 있고, 그 치료법 중에는 수술도 있는데 「약건도」에는 눈병의 치료로 연고를 바르는 것만 나타난다. 치질의 경우도 당시 인도에서는 수술이 일반적인 치료법이었던 듯하다. 재가 의사 아까싸곳따가 승려의 치질을 수술하고 붓다에게 자랑스럽게 말한 대목이 있다. 그러나 붓다는 이에 대해 불쾌해하며 승려의 치질 수술은 물론 관장도 금지했다. 왜 붓다가 정색하며 치질 수술을 금지했는지에 대해 「약건도」만으로는 정확히 파악하기가 어렵다. 붓다는 그 부위의 피부가 약하고 상처가 잘 안 낫고 수술하기 어렵다고 한다. 그러면서 치질 수술이나 관장이 불신과 타락으로 이끌 수 있다고 하였는데, 이는 치료 효과를 고려한 금지였을 뿐 아니라 동성 승려들간의 성적 접촉을 미리 차단하기 위한 것으로 보인다. 또한 승원에서는 앞에서 보았던 다양한 발한법

외에 두통 치료를 위해 코에 물을 넣는 관비(灌鼻) 방법과 연기 흡입 방법도 사용했다. 관절통 치료를 위해서는 사혈도 시행했다.

## 승원에 가면 명의가 병을 고쳐준다더라

불교 승원은 출가 승려들의 수행 공간이자 생활 공간이다. 숙식뿐만 아니라 질병 치료와 돌봄도 승원에서 자체적으로 해결했다. 사실 승원은 환자를 치료하기에 꽤 좋은 조건을 갖춘 곳이다. 승원에는 공동으로 음식물, 물품을 저장, 관리하는 체계가 갖추어져 있기에 약과 의료도구를 수집하고 분류하기에도 용이했다. 어떤 질병에 어떠한 약이나 치료법을 써도 되는지 허락하는 승원의 계율은 자연스럽게 승려들이 의료 지식을 학습, 축적할 수 있게 했다. 즉 숙식이 가능하며 약과 의료도구, 의료 지식과 치료 경험이 있는 승원은 병원의 조건에 부합하는 곳이었다. 실제로 빨리어 경전에는 붓다가 승원 내 '병실(gilānasālā)'이 있는 곳으로 갔다는 대목이 있어서 승원 내 독립적인 병실 공간이 있었음을 짐작할 수 있다.

때로 승원에 재가의사가 방문해서 환자들을 치료하기도 했다. 당시 명의로 소문난 지바까 꼬마라밧짜(Jīvaka Komārabhacca)는 승원의 주치의였다. 『마하박가』, 「의건도(衣犍度, Cīvarakkhandhaka)」에는 지바까의 생애와 의료적 활약이 상세하게 서술되어 있다. 그의 치료 사례들을 몇 가지 살펴보자. 라자가하의 어느 부자는 7년 동안이나 두통에 시달렸지만, 유명한 의사들도 치료에 실패했다. 지바까는 그를 치료하기 위해 개두술(蓋頭術)을 실시했다. 환자를 침상에 눕혀 묶은 뒤 두개골을 절개하여 벌레 두 마리를 끄집어냈고 두개골을 닫아 연고를 발랐다. 그런 후 3주 동안 반듯하게 누워 있게 해서 두통을 고쳤다. 바라나시의 어느 부잣집 아들은 재주넘기를 하다가 장폐색에 걸렸다. 음식을 소화시키지 못하고 대소변도 보지 못해 야위고 얼굴이 누렇게 되었다. 지바까는 개복술로 이 청년을 고쳤는데, 환자를 기둥에 묶고 복부의 피부를 벗겼고, 창자의 결절을 제거한 후 복부를 봉합하고 연고를 발랐다. 마가다국의 빔비사라 왕은 치질로 고생했는데, 손톱에 약을 묻혀 환부에 도포하는 방법으로 단번에 고쳤다. 그 당시에 실제로 지바까가 개두술이나 개복술까지 실시했을지는 그 진위에 대한 검토가 필요하긴 하다. 그러나 이러한 기록은 그 정도로 지바까의 의술이 놀랍고 뛰어난 것으로 사람들에게 알려져 있었음을 보여준다. 현재도 지바까는 동남아시아에서 '의학의 아버지'로 추앙받는다.

지바까는 망고 동산을 승단에 기증할 정도로 열렬한 불교 재가신도였다. 「의건도」에는 지바까가 고따마 붓다를 치료했다는 기록도 나온다. 붓다에게 체액 불균형이 생겼을 때 붓다는 자신의 의학 상식으로 아난다를 통해 지바까에게 하제(下劑)를 달라고 했다. 지바까는 일반적으로 쓰는 거친 종류의 하제를 붓다에게 드리는 것은 적절하지 않다고 생각했다. 그래서 아난다에게 먼저 붓다의 몸에 며칠 동안 기름을 바르라고 한 후 세 움큼의 연꽃을 세 번에 걸쳐서 붓다가 냄새 맡게 함으로써 설사를 유도했다. 스물아홉 번의 설사 후 더운 물로 목욕하게 한 후 서른 번째의 설사를 하게 했고, 이 방법으로 붓다는 완쾌되었다.

게다가 흥미롭게도 『마하박가』, 「대건도(Mahākhandhaka)」에서는 지바까의 명성을 듣고 그에게 치료받으려고 병자들이 불교 승단에 출가하는 일까지 벌어졌다고 한다. 당시 마가다국에는 나병, 종기, 습진, 폐병, 간질이 퍼지고 있었다. 병에 걸린 사람들이 지바까를 찾아와 치료해달라고 했지만 지바까는 빔비사라왕, 붓다와 불교 승단을 돌보기에도 바빠 여력이 없었다. 그러자 병자들이 지바까에게 치료받으려고 불교 승단에 출가했다. 이 출가한 병자들은 지바까와 승원의 치료와 돌봄을 받았다. 점점 출가하는 병자들이 많아지자 지바까는 빔비사라왕 주치의로서의 임무도 제대로 수행하기가 어려워졌다. 한 번은 이런 일까지 생겼다.

한 병자가 지바까에게 와서 치료해달라고 하자 지바까는 다음과 같이 말했다.

"나는 바쁘고 할 일이 많습니다. 나는 마가다국 빔비사라왕과 그 후궁들, 붓다와 승단을 돌보아야 합니다. 그래서 나는 당신을 치료할 수 없습니다."

병자는 자신의 모든 재산을 주겠다며 치료해달라 했지만 지바까는 같은 대답을 했다. 그러자 그 사람은 이렇게 생각했다.

'나도 불교 승단에 출가하면 어떨까? 거기서 승려들이 돌보아줄 것이다. 지바까가 치료해 줄 것이다.'

그래서 그는 불교 승단에 출가했고, 예상했던 대로 승려들이 돌보아주고 지바까가 병을 치료해주었다. 그러나 그는 병이 낫자 환속해 버렸다. 어느

날 지바까가 환속한 그 사람과 마주쳤다.

"이보시오, 당신은 승단에 출가했던 사람 아닙니까?"

"네, 그렇습니다."

"아니 어찌 이럴 수가 있습니까?"

그 사람은 지바까에게 사실대로 이야기했다. 지바까는 사람들이 질병 치료를 위해 불교 승단에 출가했다가 병만 고치고 다시 환속한다는 사실을 알고 분개했다. 이것을 계기로 마가다국에 유행하던 다섯 가지 질병을 앓는 사람들의 출가가 제한되었다.

이처럼 실제로 불교 출가승이 되기 위해서가 아니라 단지 병을 치료하려고 출가하는 경우를 경계하긴 했지만, 불교 승원의 의료는 재가자나 일반인에게도 베풀어졌다. 승원이라는 공간, 음식물, 의약품 등을 재가자의 시주에 의존하고 있는 불교로서는 그들에게 의료를 제공할 필요도 있었고, 또 의료의 시행은 포교에도 큰 도움이 되었다. 그러나 점차 불교에서 자비가 강조되면서 승원의 의료, 또 거기서 의료를 배운 의승(醫僧)들의 활약은 아프고 고통받는 이들에 대한 자비 실천의 일환이 되었다. 본래 불교에서 의료는 출가해서 공동생활을 하는 승려들 자신의 몸을 돌보고 치료하기 위해 시작되었다. 수행에 적합한 몸을 만드는 수단이거나 공동의 수행 생활에서 부수적인 일이었던 셈이다. 그러나 서로를 돌보고 일반인까지 돌보는 과정에서 의료는 자비 실천의 일환으로서, 즉 그 자체로 수행의 일부가 되었다.

# 정신장애와 시설사회

이향아
(경상국립대학교 사회학과 조교수)

궁극적으로 탈시설의 방향으로 나아가야 하는 가장 근본적인 이유는

모든 시민은 자발적 삶의 주체가 되는 인권을 지니고, 국가는 그들의

인권과 자유를 보장해야 할 의무와 책임이 있기 때문이다. 여전히 제도

화되지 못하고 있긴 하지만, 2020년 '차별금지법'이 발의되었다. 인간

삶의 필수불가결한 영역인 고용, 교육 및 직업훈련, 재화 및 용역, 행정

서비스 등에서 부당한 대우를 받지 않도록 포괄적인 차별을 금지하는

법안이다.

## 코로나와 정신장애인

국내에서 코로나가 발생한 지 2개월 되어 가던 2020년 2월 19일, 국내 최초의 코로나 확진 사망자가 발생했다. 63세의 이 남성은 국내 코로나 제1차 대확산을 주도했던 대구 신천지 교회 사태가 있었던 시기 경북 청도군에 위치한 청도대남병원에 입원중이던 정신장애인이었다. 청도대남병원에서는 114명의 확진자(환자 103명, 직원, 10명, 가족 1명)가 발생했는데, 당시 이병원 5층에 위치한 폐쇄정신병동에 입원해 있던 환자 104명 중 103명이코로나19 확진판정을 받았다. 청도대남병원의 114명의 확진자중 7명이 사망에 이르러 치명률 7%에 달했다(2021년 6월 현재 국내 평균 치명률은 1.36%). 청도대남병원의 집단 감염 사태는 코로나19로 인해 병동 내에서 단체감염이 일어난 첫 번째 사례였고, 국내 첫 사망자가 발생했고, 한 병동에 입원해 있던 환자 99%가 감염되었던 특이한 사례로 남았다. 청도대남병원을 시작으로 대구 제2미주병원, 서울 도봉구 다나병원, 음성 소망병원 등 정신장애인 입원병원 및 요양시설에서의 코로나19 집단감염은 계속되었다.

국내 첫 확진 사망자는 사망 당시 몸무게는 42kg이었고, 20년간 대남병원 폐쇄정신병동에 입원해 있던 무연고자였다. 청도대남병원은 경상북도 청도군 화양읍에 있는 사설의료기관이지만, 사실상 반관반민의 의료시설이다. 청도군보건소, (군립청도)노인요양병원과 요양원, 장례식장 등 4개 건물이 서로 연결된 특이한 구조로 되어 있고, 이 전체 건물에서 층 사이를 이동하는 엘리베이터는 하나밖에 없다. 여기에 중증장애인을 낮 시간 동안 보살펴주는 청도군주간보호센터와 청도군민건강관리센터도 붙어 있다. 대남병원이 개원 후 경영난 등으로 수 차례 문을 닫을 위기에 처하자, 지역사회의 의료공백 혹은 의료사막화를 우려한 청도군은 노인 인구가 많은 점을 살려 노인요양병원과 요양원 등을 함께 운영하는 방법을 마련해 줬다. 병원 수입의 절대적 비중을 차지하던 곳은 정신병동이었다.

정신병원 폐쇄병동은 다른 입원실과 달리 적게는 8명, 많게는 10명 넘는 환자가 좁은 병실과 온돌방에서 함께 생활해 감염에 취약할 수밖에 없는 구조였다. 나아가 정신병원 폐쇄병동은 입원환자의 자해를 예방하기 위해 커튼을 설치하지 않고 창문을 작게 만들거나 열기 어렵도록 설계하여, 환기가 되지 않아 감염병이 발생하면 같은 공간의 다른 환자에게 전파되기 쉬웠다. 감염에 취약한 기형적인 건물구조나 운영방식은 이 지역병원이 고령화와 인구감소로 쇠락하는 지방 소도시의 의료체계 상황에서 이윤과 효율에 집중했기 때문이다.

목숨을 잃은 환자 7명은 모두 2년 이상 장기입원 중이었고, 중앙방역대책본부가 파악한 내용을 보면 가장 최근에 입원한 환자가 2017년 이전에 해당 병동에 입원했다. 사망자 중 입원 기간이 10년 넘는 환자도 2명 이상 있었다. 정신장애인의 장기입원 문제는 정신장애인이 "치료를 위해 입원한 것이 아니라 열악한 환경에 (장기간 강제격리) 수용된다는 사실을 보여준다."(《한겨레21》(2020), 1302호, 표지이야기) 국제장기돌봄정책네트워크(International Long Term Care Policy Network)가 21개국 집단시설을 대상으로 한 '케어홈 코로나19 사망률 통계(최종 업데이트 2020. 10. 14.)'에 따르면 코로나 사망자의 46%가 시설 거주인인 것으로 드러났다. 한국의 경우, 코로나로 인한 사망자 수가 상대적으로 적은 편이기는 하나, 중앙방역대책본부의 발표에 따르면 2020년 12월 30일을 기준으로 한국에서 코로나로 인한 누적사망자 879명 중 의료기관, 요양시설 감염자가 46.5%(409명)에 달하여 시설 거주인이 코로나 사망자의 큰 비중을 차지함을 알 수 있다. 그 이후로도 서울시 장애인거주시설인 신아재활원에서 거주인 56명, 종사자 20명 등 총 76명의 코로나 확진자가 발생하여 장애단체가 긴급 탈시설을 요구해 서울시는 코로나 집단감염이 발생한 후 신아원 거주자들의 탈시설을 긴급하게 추진하였으나, 거주인들의 치료가 끝나자마자 다시 시설에 재입소시키는 상황이 벌어져 장애인권단체들이 강력하게 반발하기도 했다.


## 정신장애와 수용시설

국내에는 『수용소』라고 번역된 어빙 고프만(Erving Goffman)의 「어사일럼(asylum)」은 라틴어로 체포할 권리가 없는 장소의 뜻에서 기원한 말로, '추적자로부터 피신하여 보호받을 수 있는(불체포) 장소와 권리'를 뜻한다(2018: 449). 동시에 어사일럼은 18세기 말부터 전문적 치료나 복지 시설이 등장하던 20세기 초중반까지 광인, 고아, 빈민, 장애인들이 머무는 자선 구호시설을 지칭했다. 이 저작에서 고프만은 어사일럼의 대표적인 공간인 정신병원을 분석하면서 '총체적 기관(total institution)'이라는 개념을 제안했다. 그에게 '총체적 기관'이란 '비슷한 상황에 놓인 다수의 개인이 상당 기간 동안 바깥 사회와 단절된 채 거주하고 일을 하는 장소'로 정의된다. 이때 총체적 기관 속의 개인들은 대개 외부와 단절된 공통의 일과를 보내며, 이는 공식적 행정의 관리 대상이 된다. 어사일럼은 이렇듯, 다수의 개인이 특정한 목적을 위해 바깥사회와 단절된 채 적정한 경계 안에서만 생활해야 하는 곳, 우리 식으로 표현하자면 '시설'에 해당한다. 시설이 총체적 기관인 이유는 재소자가 입소하고 퇴소하는 모든 절차와 견해에서 철저히 소외당하고, 재소자의 '수용'은 철저히 권력관계에 의해서 이루어지기 때문이다.

시설은 사회에서 상대적으로 소수이며, 권력관계의 하층부를 차지하는 그룹을 그 대상으로 하게 된다. (정신)장애인, 탈가정 청소년, 미혼모, 노숙인, 난민, 환자, 부랑인, 걸인 등으로 호명되는 이들이다. 시설에 수용된 이들은 개인의 일상 자체가 사적인 삶과 공적인 삶의 구분 없이 공동으로 이루어진다. 이 공간에서 '나'는 소외되고 부정된다. 자신이 부재되는 삶이 시설에서 영속된다. 생물적 삶은 계속되고, 인간성은 부정된다.

사실상 강제력으로 사회적 격리가 되는 사회적 약자의 역사는 근대 이후 꾸준히 지속되어 왔다. 근대 이전에도 감옥이나 격리는 이루어졌다. 그러나 전방위적이고 대규모적으로 국가제도에 안착하게 된 것은 17세기 이후에 이르러서였다(푸코, 광기의 역사-1656년 파리에 구빈원이 생기고 6천여명의 부랑자와 광인들이 무차별적으로 수용된 '대감호' 사건을 기점으로 함. 이후 150여 년간 유럽 각 국에서의 '대감호'시대 전개).

동양에서 9-10세기에 정신질환자들을 수용하기 위한 마우리스탄이 바그다드, 카이로 등 이슬람 도시를 중심으로 최초로 설립되었을 당시에는 서양과 달리, 광인들은 악령에 사로잡힌 존재가 아니라 신의 영감과 은총을 받은 존재로 여겨져 이들을 안락하게 보살피는 공간이었다. 14세기 스페인의 그라나다, 바르셀로나 등 이슬람 통치 지역에 생긴 정신병 시설 또한 광인을 보호하기 위한 안락한 공간이었다(재컬린 더핀, 2006: 407-8). 그러나 중세 후기를 거치며, 광인은 마녀로 몰려 화형을 당하고, 정신병 시설은 점차 이성적인 행동을 하도록 자극하거나 수용인들에게 모욕을 주는 공간으로 변해 갔다. 일례로 13세기에 런던에 설립된 '베들레헴 성 마리아 병원'은 점차 '베들램'이라는 정신병원의 상징이 되었고, 의료시설이 아닌 감금시설로, 인간 이하의 삶을 살아가는 수용자들을 보기 위한 관광 코스로 변모해 갔다. 17세기 이후 구빈원으로 대표되는 이러한 시설들은 부랑아, 거지, 범죄자, 광인, 나태한 자, 성병에 걸린 자 등을 강제로 수용해 이들을 사회적 타자로 분류함으로써 노동력 활용을 통한 경제적 위기 대응 및 우범 요인 사전 제거를 통한 사회질서의 유지라는 목적을 수행했다. 구빈원 제도가 쇠퇴하면서 정신병원은 광인에 대한 강제수용을 지속적으로 담당했다.

국내에서 정신질환자를 공식적으로 다루게 된 것은 1911년 6월 설립된 조선총독부제생원(朝鮮總督府濟生院)이 정신질환자를 치료하기 위해 '의료과'

를 설치하면서부터이다. 그러나 정신장애에 대한 치료를 목적으로 했다기보다는 사회로부터 '격리'하기 위해 수용하는 목적이 컸다. 교육기관에서의 정신의학교육은 확대되었지만, 정신질환 치료는 적극적으로 이루어지지 않았다. 대부분 방치(내버려두기), 무속을 통한 치유, 혹은 부분 수용이었다. 일례로 1921년 3월 22일《동아일보》기사는, 1913년부터 1921년 당시까지 9년째 정신병원에 수용되어 오던 정신질환자를 언급하며, 정신병자들의 수용은 "그대로 방임해 두면 사회생활에 위험을 끼치는 까닭에 이러한 환자는 병을 치료하여 주자는 목적보다도 공공생활을 완전히 하자는 의미로 일정한 처소에 모아 두어 그들의 행동을 검속하자는 것이 도리어 중요한 목적"으로 하고 있음을 지적하고 있다. 그러나 실상, 정신질환자에 대한 집단적인 수용은 다른 수용 대상이었던 한센인이나 부랑인에 비해 적극적으로 이루어지진 않았다. 일제 시기 집단 수용은 주로 한센인, 부랑인들에게 집중되었다. '일정한 직업과 주거가 없는 자들'이라고 애매하게 정의된 부랑인들은 풍기문란자, 잠재적 범죄자로 의심 받아 오는 자, 유흥에 젖은 양반들 및 그 자제, 유랑민, 걸인, (정신)장애인 등의 집합이었고, 노동자(일할 수 있는 자)의 타자로 생산성을 낼 수 없었을 뿐만 아니라, 범죄를 일으킬 여지가 있어 공공안녕을 해치는 우범자들이었다. 따라서 「범죄즉결령」(1910), 「경찰범처벌규칙」(1912)에 따라 지속적으로 사회에서 배제되었으며, 특히 「조선감화령」(1923)에 기반한 사회적 격리로서의 '집단수용'이 20년대 이후 영흥학교(1923), 대구소년보호소(1926), 명진사(1928), 평양갱생원(1934), 수색갱생원, 부산적기학원(1934), 목포학원(1938), 해주 백세숙(1939),

선감학원(1942) 등의 공간에서 적극적으로 실행되었다. 수용된 부랑인들은 교화, 교육을 통해 '생산적 주체'로 '갱생'될 것을 강요당했고, 일제 말 전시기에는 군력으로 재배치되었다. 인간 주체로서 그들에게 주어진 권리는 없었으며, 사회는 타협하거나 묵인했다.

## 시설사회

최근 출간된 『절멸과 갱생 사이: 형제복지원의 사회학』이나 『시설사회』에서 집중조명한 것과 같이 해방 이후 한국 현대사는 '시설'의 역사와 겹쳐진다. 고병권은 "삶에 대한 포기가 존재하고 생명에 대한 관리를 누군가에게 의탁해야 하는 사회는 시설사회"라고 규정한다. 1950-1970년대까지 국가에 의해서 관리 통제되고, 재배치되었던 수많은 '개척단'들과 넝마주이, 80년대 이후 현재까지 한국사회의 그늘을 적나라하게 보여주는 삼청교육대와 형제복지원 그리고 사회복지의 이름으로 존재하는 수많은 (정신)장애인 '시설들', 나이가 들면 자연스레 생각되는 노인요양시설들…. 한국사회에서의 시설은 근현대사를 관통하며 더 보편적으로 확대되어 왔다.

1995년에 「정신보건법」이 제정되어 정실진환자의 발견, 상담, 치료, 재활 등을 구체적으로 제도화하기 전까지 정신질환은 사회적 이슈로 크게 부각되지 못했고, 대부분의 정신질환자는 비제도권의 무허가 시설들이 담당해 왔다. 기도원, 복지 시설, 사설학원 등의 무허가 시설들은 1980년대에 이르러 점차 양성화되었다. 「정신보건법」 제정 이후 국내에 정신병원이 크게 확대되면서, 국내 정신질환 관련 정책은 크게 생활보호제도(의료 급여 제도)와 시설보호제도(정신 요양시설 등 사회복지 시설 운영)의 확충으로 전개되어 왔다. 즉, 병원에 입원한 정신질환 환자 수를 기준으로 의료 급여를 지급하거나, 정신질환자들의 요양시설을 확충하는 데 필요한 경비를 지원해주는 방식이었다. 정신질환자를 수용하는 데 필요한 자금을 국가가 적극적으로 지원하면서, 환자의 몸에 대한 통제가 국가-시설(병원)의 공모(共謀)로 이루어졌고, 정신질환자의 몸은 '돈'으로 환산되는 경제수단으로 여겨졌다. 환자(혹은 부랑아)를 시설 내로 수용하는 것은 시설의 거의 전적인 수입원이 되었다. 시설의 양성화는 지속되었고, 시설은 대형화되었다.

결과적으로 시설에 수용된 정신질환자는 장기입원의 대상이 되었다. 정신질환자는 더욱 오랜 시간 동안 사회로부터 배제되어 가고 있다. 푸코가 말한 생명권력은 '살게 만들고 죽게 내버려 두는' 권력이다. 사회에 필요한 생산적 주체들을 '살게 만들고', 사회의 비생산적 주체들을 '죽게 내버려 두는' 권력이다. 인구 전체의 생명을 살리기 위해 누군가는 사라져야 한다. 국가와 사회복지시설의 공모가 바로 이들을 '죽게 내버려 두는' 힘을 작동시켰다. 『절멸과 갱생 사이: 형제복지원의 사회학』에서 저자들은 대한민국이 '인신매매' 국가였음을 지적했다.

## 국내 정신질환자 현황

2019년 국민건강보험공단의 국민건강정보 데이터베이스에 따르면, 2008년 '중증 정신질환자' 및 '등록된 정신장애인'은 333,788명으로 전체 의료보장인구의 0.67% 수준이다. 그런데 10년이 지난 2017년에는 그 규모가 427,370명으로 전체 의료보장인구의 0.82%수준으로까지 증가하였다 (중증정신장애인 의료체계 실태조사, 2019, 22쪽). 2019년 전체 등록장애인은 2,619,000명(100%)이고, 그중 정신장애인은 약 103,000명으로 전체 장애 유형의 3.9% 수준이다. 2019년 기준, 전국 정신건강증진시설은 총 2,537곳이며, 그중 정신의료기관은 1,828곳으로 전체 정신건강증진시설의 72%를 차지한다. 국내 허가된 정신의료기관 1,828개 중 국공립 의료기관은 54개소이며, 나머지 1,774개소는 모두 민간이 운영하는 정신의료기관이라고 할 수 있는데, 그 비율은 97%에 달해, 앞서 언급한 바와 같이 우리나라의 경우 민간이 운영하는 정신의료시설 비율이 압도적으로 높은 구조임을 알 수 있다.

또한 2019년 퇴원한 95,944명의 정신장애인 중 재원기간의 중앙값은 31일로 나타났다. 그러나 2018년을 기준으로 정신장애인의 재원기간을 OECD 회원국과 비교해볼 때, 우리나라의 '정신 및 행동장애 환자의 평균 재원기간'은 176.4일로 벨기에의 9.3일, 스페인의 56.4일에 비해 압도적으로 길다. 그런데, 정신의료기관이 아닌 정신요양시설 입소자들의 재원기간은 의료기관보다 훨씬 길어진 재원기간을 보여준다. 정신요양시설 입소자들의 절반 가까이가 10년 이상 수용되어 있음을 알 수 있다. 청도 대남 병원과 같이 20년 넘는 환자들도 상당하다.

〈정신건강증진기관 시설 현황〉(단위: 개소)

| 구분 | 기관수 | 중요기능 |
|---|---|---|
| 계 | 2,607 | |
| 정신건강복지센터 | 260 | 지역사회 내 정신질환 예방, 정신질환자 발견·상담·정신재활훈련 및 사례 관리, 정신건강증진시설 간 연계체계 구축 등 지역사회 정신건강사업 기획·조정<br>* 광역 16(국비 15, 지방비 1)<br>기초 244(국비 214, 지방비 25) |
| 정신의료기관 | 1892 | 정신질환자 진료, 지역사회 정신건강증진사업 지원 |
| 정신요양시설 | 59 | 만성 정신질환자 요양·보호 |
| 정신재활시설 | 348 | 병원 또는 시설에서 치료·요양 후 사회복귀 촉진을 위한 훈련 실시 |
| 중독관리통합지원센터 | 50 | 중독 예방, 중독자 상담·재활 훈련 |

그림1. 정신건강증진기관 및 시설현황(출처: 2021년 정신건강사업 안내, 11쪽)

〈정신의료기관 입원환자 평균 재원 기간(2019년 기준)〉(단위: 명, 일)

| 구분 | 전체 | 중앙값 | 1개월미만 | 1-3개월 | 3-6개월 | 6-12개월 | 1-3년 | 3-5년 | 5-10년 | 10년이상 |
|---|---|---|---|---|---|---|---|---|---|---|
| 실인원 | 95,944 | 31일 | 51,427 | 30,207 | 15,111 | 9,278 | 8,369 | 1,923 | 911 | 228 |

〈정신요양시설 입소 기간별 현황(2019년 기준)〉(단위: 명, %)

| 구분 | 전체 | 1개월미만 | 1-3개월 | 3-6개월 | 6-12개월 | 1-3년 | 3-5년 | 5-10년 | 10년이상 |
|---|---|---|---|---|---|---|---|---|---|
| 실인원 | 9,252<br>(100%) | 108<br>(1.2%) | 117<br>(1.3%) | 114<br>(1.3%) | 263<br>(2.8%) | 2,475<br>(26.7%) | 577<br>(6.2%) | 1,305<br>(14.1%) | 4,293<br>(46.4%) |

그림2. 정신의료기관과 정신요양시설 재원 기간

| 국가 | '12 | '13 | '14 | '15 | '16 | '17 | '18 |
|---|---|---|---|---|---|---|---|
| 호주 | 14.4 | 14.5 | 14.2 | 16.1 | 18.1 | 14.2 | - |
| 오스트리아 | 21.0 | 21.5 | 22.9 | 25.8 | 22.2 | 24.7 | 24.1 |
| 벨기에 | 10.2 | 10.1 | 9.6 | - | 9.4 | 9.3 | 9.3 |
| 캐나다 | 16.8 | 24.5 | 23.3 | 23.0 | 22.8 | 21.8 | 21.2 |
| 칠레 | 31.5 | 28.2 | 27.7 | 34.2 | 39.9 | 30.5 | 29.7 |
| 체코 | 41.6 | 40.9 | 40.0 | 40.2 | 40.6 | 41.2 | 41.0 |
| 덴마크 | 19.5 | 18.0 | 17.9 | 17.3 | 17.7 | - | - |
| 에스토니아 | 17.0 | 16.6 | 17.5 | 16.9 | 17.0 | 19.3 | 16.9 |
| 핀란드 | 38.1 | 36.6 | 35.9 | 29.4 | 27.6 | 24.0 | 21.7 |
| 프랑스 | 5.8 | 5.8 | 5.7 | 5.8 | 22.7 | 22.9 | 23.0 |
| 독일 | 24.1 | 24.2 | 24.4 | 24.7 | 25.1 | 25.5 | - |
| 그리스 | 109.0 | 110.0 | 96.0 | - | - | - | - |
| 헝가리 | 29.1 | 28.2 | 29.0 | 30.7 | 31.6 | 32.3 | 33.0 |
| 아이슬란드 | 12.2 | 11.9 | 11.8 | - | 11.4 | 11.2 | - |
| 아일랜드 | 11.3 | 10.9 | 9.9 | 12.3 | 11.8 | 11.3 | 12.1 |
| 이스라엘 | 57.6 | 50.1 | 45.5 | 51.3 | 50.2 | 51.6 | 41.7 |
| 이탈리아 | 14.0 | 13.9 | 13.9 | 14.1 | 14.2 | 13.9 | 13.6 |
| 한국 | 116.8 | 124.9 | 136.2 | 158.6 | 153.0 | 168.0 | 176.4 |
| 라트비아 | - | 19.6 | 22.7 | 22.9 | 20.3 | 21.7 | 29.5 |
| 리투아니아 | 19.0 | 18.2 | 18.2 | 17.6 | 17.5 | 17.5 | 17.7 |
| 룩셈부르크 | 26.0 | 26.7 | 26.5 | 26.4 | 26.8 | - | - |
| 멕시코 | 26.9 | 28.2 | 30.6 | 30.0 | 29.9 | 22.2 | 28.6 |
| 네덜란드 | 17.6 | 20.8 | 15.2 | 14.1 | 12.6 | 9.5 | 9.6 |
| 뉴질랜드 | 52.0 | 45.5 | 40.4 | 44.9 | 36.4 | 42.2 | - |
| 노르웨이 | 20.3 | 20.0 | 19.3 | 19.4 | 18.4 | 17.8 | 17.5 |
| 폴란드 | 29.2 | 29.1 | 29.3 | 35.4 | 34.8 | 35.2 | 34.8 |
| 포르투갈 | 16.4 | 16.6 | 16.7 | 16.9 | - | - | 18.0 |
| 슬로바키아 | 28.6 | - | 27.3 | 27.5 | 27.2 | 27.2 | 27.0 |
| 슬로베니아 | 36.6 | 35.0 | 36.0 | 34.9 | 35.3 | 34.2 | 33.3 |
| 스페인 | 25.8 | 25.3 | 25.7 | 26.3 | 26.1 | 36.3 | 56.4 |
| 스웨덴 | - | 14.7 | 14.0 | 16.1 | 16.1 | 15.9 | 15.7 |
| 스위스 | 29.5 | 29.4 | 28.6 | 28.0 | 27.5 | 26.6 | 27.0 |
| 터키 | 15.3 | 18.4 | 20.3 | 12.1 | 12.8 | 13.0 | 13.3 |
| 영국 | 43.6 | 42.3 | 38.9 | 37.7 | 37.6 | - | 35.2 |
| 미국 | - | - | - | - | - | - | - |

그림3. OECD 국가의 정신 및 행동 장애 환자의 평균 재원 기간(2012-2018)
(출처: 보건복지부 국립정신건강센터 외, 2019, 국가정신건강현황 보고서, 198쪽)

「정신보건법」에 의하면, 정신장애인의 시설입원은 자의입원(23조), 보호의무자에 의한 입원(24조), 시·도지사에 의한 입원(25조), 응급입원(26조)으로 이루어진다. 자의입원을 제외하고 환자의 의사와 상관없는 입원이 더욱 빈번히 일어난다. 환자가 입원을 거부하더라도 환자의 보호자나 행정기관, 전문가 등의 의견에 따라 입원시킬 수 있는 것이다. 2015년 비자의 입원율은 65.2%, 2016년 61.6%, 2917년 37.9%, 2018년 33.5%, 2019년 32.1%로 점차 감소하는 추세이긴 하나, 이것은 2016년 「정신건강복지법」이 개정되면서 '동의입원'이 신설되고, 이 또한 자의입원으로 산출되기 때문인 영향도 감안해야 한다.

　한편, 「정신건강복지법」에 따르면, "입원 등 치료 또는 요양을 받을 만한 정도 또는 성질의 정신질환이 있거나 환자 자신의 건강 또는 안전이나 타인의 안전이 위협받는다고 판단되는 경우' 폐쇄병동에 입원하게 된다.* 정신장애인의 퇴원은 정신의학 전문가, 정신장애인 가족, 법조인 등으로 이루어진 '기초정신보건심의위원회'의 심사를 거쳐야 한다. 정신장애인은 본인의 의사와 상관없이 시설에 입소될 수 있거나, 퇴원할 수 없다.

---

* 일반 의료기관의 입원실의 경우 환자 1명당 10㎡ 이상, 2명 이상인 경우 6.3㎡ 이상이며, 입원실 병상의 간격은 1.5m로 규정되어 있으나, 정신의료기관의 경우 1명당 6.3㎡의 침실공간을 제공하거나, 2명 이상인 경우 4.3㎡ 이상이어야 한다. 연면적의 합계 중 입원실을 제외한 부분의 면적이 입원실 면적의 2배 이상인 정신의료기관에서 환자 2명 이상이 사용하는 입원실의 바닥 면적은 환자 1명당 3.3㎡ 이상으로 한다(정신건강복지법 별표 3) (문용훈, 2020: 216). 이 기준은 기존의 구 정신보건법(1997년 제정)의 기준에 따른 것으로, 보건복지부는 2020년 11월 28일 1인실 6.3㎡에서 10㎡로, 다인실은 환자 1인당 4.3㎡에서 6.3㎡로 강화, 병상거리 1.5m 이상 등의 내용을 골자로 하는 시행규칙 개정안을 입법예고했다(보건복지부 보도자료, 2020년 11월 26일 자).

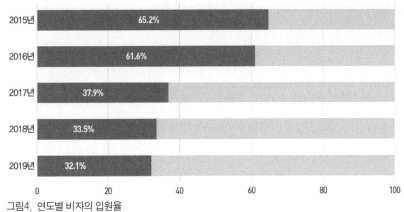

그림4. 연도별 비자의 입원율
(출처: 국립정신건강센터, 국가 정신건강현황보고서 2019, 35쪽)

  정신장애 시설은 고프만의 『수용소』에서 그려진 것처럼(물론, 1960년대 미국
과 현재는 많이 다르다), 정신장애인의 주체적 삶을 영위하기 쉽지 않은 구조로
되어 있다. 정신장애인의 '정상성'은 전문가인 의사에 의해 결정되기 때문
에, 시설에 수용된 정신장애인은 의사의 권위에 복종할 수밖에 없는 구조
가 된다. 국가인권위원회의 조사에서도 알 수 있듯이, 정신장애인의 외부
접촉은 최대한 통제되고, 가족간의 접촉마저 사전 검열을 받는 경우가 많
다. 예컨대, '서신교환은 일주일에 1번', '전화는 1주일 1회 허용' 같은 내부
규정은 거의 모든 시설에 적용되고 있다. 국내에서 코로나19의 첫 희생자
였던 청도 대남병원의 환자가 20년간 외부와의 접촉이 차단된 채 사실상
'감금'되어 왔던 42kg의 60대 남성이었다는 사실은 정신의료기관의 상황
도 일반 민간시설들과 다를 바 없었음을 방증한다.

국가인권위에서 시설 입소자에 대한 첫 실태조사가 2018년에 이루어졌다. (정신)장애인의 입소자들은 식사시간, 샤워, 산책, TV시청, 휴대폰 사용, 투표, 종교 활동 등 거의 모든 영역에서 인권을 보장받지 못하고 있었다. 정신장애인의 95.2%가 개인 휴대폰을 사용하지 않았다. 정신장애인 10명 중 1명이 저체중, 10명 중 7명이 영구치 1개 이상을 상실했을 정도로 우려스러운 건강상태를 보였다. 정신장애인 62.2%가 '비자의'에 의해 입소했고, 정신장애인 55.7%는 가족들에 의해 입소되었다. 정신장애인 10명 중 6명은 10년 이상 장기 입소했는데, 입소 20년 이상 된 정신장애인은 36.2%에 이른다. 정신장애인의 59.7%가 퇴소를 원했으나, 그들이 퇴소할 수 있다는 사실 자체를 몰랐던 정신장애인이 34.5%나 되었다.

"차라리 교도소는 징역 채우고 나갈 수라도 있는데 여기는 언제 나갈지 몰라요."

"지금 몇 년도예요? (2017년도요) 벌써요?"

"30여 년 동안 외부 사람하고 한 시간 넘게 이야기해 본 게 처음이에요."

-《경향신문》, 2018년 5월 19일 자

## 탈시설 운동 그리고 우리의 일상

코로나19 시국인 2020년 12월, '코로나19 대응 보편적인 긴급탈시설 촉구' 국제공동성명이 제기되었다. 코로나19의 희생자의 다수가 시설에 거주 중인 장애인이라는 사실에도 불구하고, 장애인들은 시설에 거주하기를 '강요'받고 있다는 것이다. 팬데믹이라는 위기에 가장 취약한 '시설 장애인'들에 대한 '무조치'는 국가와 시설이 갖는 '죽게 내버려 두는' 권력 속성을 다시 한번 상기시켰다. 이에 코로나 시기 동안 시설 거주인들의 '긴급 탈시설'이 국제공동성명으로 발표된 것이다.

탈시설 운동은 비단 코로나19에 의해 촉발된 것은 아니다. 공식적으로 탈시설 운동이 시작된 것은 2009년 석암재단 베데스타요양원에 거주하던 8명의 장애인들이 대학로 마로니에에서 '탈시설-자립생활대책마련요구'를 위한 노숙농성을 시작하면서부터이다. 석암재단의 비리를 폭로하며 장애인의 탈시설 운동을 주도했던 이 농성으로 2013년 '서울시 1차 탈시설 계획(2013-2017)'과 2018년 1월 '서울시 2차 탈시설 계획(2018-2022)'이 발표되었다. 2차 탈시설 계획은 2019년 발표된 '제2기 서울시 장애인 인권증진 기본계획(2019-2023)'에 반영되었다. 정부 차원에서 제5차 장애인 정책 종합계획(2018-2022)을 마련하기도 했다. 2021년 4월 30일, 탈시설 운동의 기폭제가 되었던 석암재단의 베데스타요양원(향유의 집)의 입소자들이 전원 탈시설하고 영구 폐쇄조치되는 탈시설 운동의 성과가 처음으로 나타나기도 했다. 현재 탈시설된 입소인들은 시설과 SH공사가 제공한 지원주택에 거주하고 있다. 2000년대 후반 들어, 형제복지원과 서산개척단, 선감학원, 염전노예 등의 피해자들이 그들이 겪은 인권유린을 사회에 폭로하고, 2011년 개봉된 영화 〈도가니〉 등으로 '시설' 피해자와 국가-시설의 폐해에 대한 사회적 공감대가 형성되었던 것이 영향을 주었다고 볼 수 있다.

또한, 정신의료기관 및 시설에 장기 입원하는 치료 방식이 치료효과가 전혀 높지 않다는 각종 연구 결과들을 통해, '시설' 장기 수용이라는 극단적인 사회 격리의 효율성이 문제시되었던 점도 고려되었을 것이다. 그럼에도 불구하고 서울시의 경우 탈시설을 명목으로 '시설의 소규모화'에 대한 예산을 대규모 배정했다. 탈시설 정책은 좋은 시설을 지원하는 정책이 아니라, 시설에서 지역으로 정책과 예산의 방향을 전환해야 한다. 2020년 12월 '장애인 탈시설 지원 등에 관한 법률안(탈시설법)'이 발의된 상태이다.

그러나 입소된 장애인들의 탈시설은 녹록지 않다. 두 가지 측면에서 보자면, 우선, 앞서 인권위의 조사보고서에서 나타난 바와 같이, (정신)장애인들의 시설화는 그들을 돌보는 가족에 의한 경우가 대부분이었다. 입소인들이 원하는 탈시설에 대해 그들에 대한 돌봄을 책임져야 하는 가족들은 어떻게 응답할까. 시설 장애인들이 탈시설을 결심할 때 가장 먼저 마주치는 걸림돌은 '가족의 반대'이다. (정신)장애인의 탈시설에 (무연고자를 제외) 부양의무자의 동의는 필수이기 때문이다. 가족의 탈시설 반대는 주로 장애인당사자에 대한 '보호' 패러다임, 부양 의무에 대한 부담감, 자립생활 서비스 연속성에 대한 불신 등을 이유로 한다(비마이너, 2016년 6월 13일 자). 가족들 스스로, 시설에서 나온 장애인은 사회위험으로부터 스스로를 보호할 수 없기 때문에 안전하고 보호해줄 수 있는 '시설'에 거주해야 한다는 생각이 뿌리 깊고, 탈시설 이후 다른 가족들이 모든 책임을 전적으로 져야 한다는 부담감이 상당하다. 또한 탈시설로 인해 가족이 부양의무자가 되면서 장애당

공식적으로 탈시설 운동이 시작된 것은 2009년 석암재단 베데스타요양원에 거주하던 8명의 장애인들이 대학로 마로니에에서 '탈시설-자립생활대책마련요구'를 위한 노숙농성을 시작하면서부터이다.

사자의 '기초생활수급권자'의 권한이 박탈당하거나 탈시설장애인에 대한 거주 및 지원이 한정적이기 때문이기도 하다. 부양의무제 폐지는 문재인 대통령의 공약으로 2022년 폐지하기로 되어 있는 가운데, 서울시는 2021년 5월부터 부양의무제 폐지를 실시하고 있다.

탈시설이 쉽지 않은 또 다른 이유는 '혼자가 된 장애인'의 경우 지역사회에서 과연 '살' 수 있을지에 대한 문제 때문이다. 탈시설했던 장애인이 지역 거주민들의 민원으로 다시 시설로 재입소했던 사례가 보여주듯, 탈시설 장애인들이 지역사회에서 '견뎌낼' 수 있는지에 대한 문제는 사실상 해결이 쉽지 않다. 2017년 가장 강렬했던 사진 한 장이었던, 강서구 서진학교를 반대하는 주민들 앞에서 무릎을 꿇었던 장애 아이의 엄마들의 사진을 기억한다면, 시설에서 나온 장애인들을 사회는 오롯이 껴안을 수 있다고 생각할 수 있을까. 오랜 기간 시설에서 통제되는 삶, 비자발적 삶을 영위해 온 시설 장애인들이 사회를 온전히 버텨낼 수 있을까. 시설에 수용되어 있던 장애인들의 탈시설을 돕기 위해 마련된 '체험홈'은 자립생활을 원하는 장애인이 지역사회 내의 일반주택에서 일정 기간 생활하면서 스스로의 삶을 주도해 나가는 방향을 경험할 수 있는 공간이다. 그러나 체험홈 또한 소규모 시설운영의 다른 이름이라는 반대 논의 또한 존재한다.

이 외에도 탈시설을 어렵게 만드는 요소들은 우리 일상에 무궁무진하다. 탈시설은 시설장애인들의 주거문제와 소득문제, 이동문제를 전제로 논의되어야 한다는 의견도 타당하다. 시설의 '보호' 없이 사회로 나간 장애인들이 마땅한 주거와 소득 없이 자립할 수 있느냐는 논거하의 탈시설 반대 및 탈시설 속도조절 의견도 일리 있다. 법 제정이 먼저가 아니라, 지역 사회인프라가 먼저 갖추어져야 한다는 의견도 수긍할 수 있다. 그럼에도 불구하고, 궁극적으로 탈시설의 방향으로 나아가야 하는 가장 근본적인 이유는 모든 시민은 자발적 삶의 주체가 되는 인권을 지니고, 국가는 그들의 인권과 자유를 보장해야 할 의무와 책임이 있기 때문이다. 여전히 제도화되지 못하고 있긴 하지만, 2020년 '차별금지법'이 발의되었다. 인간 삶의 필수불가결한 영역인 고용, 교육 및 직업훈련, 재화 및 용역, 행정 서비스 등에서 부당한 대우를 받지 않도록 포괄적인 차별을 금지하는 법안이다.

우리는 드러내놓고 본인을 '차별주의자'라고 이야기하지 않는다. 무심코 내뱉는 언어와 무심코 튀어나온 행동을 통해서도 차별은 질기게 살아남고 왕성하게 번식한다. 스스로의 말과 행동을 촘촘하게 바로잡지 않으면, 누구나 사회적 소수자가 될 수 있는 우리들은, 그 대가를 돌려받을 수도 있다. "초등학교 때 피구시합에서, 날쌔게 피하기만 하다 결국 혼자 남으면 맞서서 공을 받아 안아야 하는 순간이 왔던 것처럼" 말이다. 즐겨 인용하는 문구를 다시 한번 적어 보는 것으로 졸고를 마친다.

# 환자는 어떻게 드러나는가?

## —PCR 검사의 역사와 전염병 환자의 확진

정세권

(경희대학교 인문학연구원 HK연구교수)

신종 바이러스의 유전정보가 밝혀진 직후 PCR을 활용하여 빠르게 검

사하고 진단하는 방식이 2월 초부터 전국적으로 도입되었다. 이 새로

운 진단 방법으로 인해 정부는 코로나19 확진자를 빠르게 확인하고 전

국적으로 퍼지는 것을 사전에 막을 수 있었다. 지난 수년 동안 약간의

의심 증상만 있어도 선별진료소 앞에 길게 줄 섰던 우리를 기다린 과학

기술이 바로 PCR이었다.

## 코로나19가 소개한 과학기술, PCR

유례없는 전염병을 이겨내기 위해 지난 수년 동안 우리가 동원한 수많은 자원 중 단연 돋보인 것은 과학기술이었다. 엘리베이터부터 모든 생활시설에 비치된 손소독제와 항균 필름은 눈에 보이지 않는 바이러스를 막는 최소한의 방어막이었다. 직접 얼굴을 마주할 수 없는 곤란함은 다양한 화상회의 프로그램으로 해결했고 오히려 멀리 있는 지인을 예전보다 자주 만날 기회를 얻었다. 실내시설을 출입할 때마다 의무적으로 찍어야 하는 QR코드 덕분에 감염 의심자를 확인하거나 확진자의 동선을 빠르게 파악하여 추가 확산을 막을 수 있었다. 팬데믹이 시작되자마자 연구되기 시작한 mRNA 백신은, 기존 생백신이나 사백신 혹은 유전자재조합 기술을 이용한 백신에 비해 빠르고 효과적으로 전염병을 억제하는 데 기여했다. 감염병 확산을 예측하고 이에 대응할 수 있는 계획을 수립하는 데 AI와 빅데

이터는 필수적이었다.

그중에서도 우리가 한 번씩은 직접 경험해 본, 예전에는 낯설었지만 코로나19 덕분에 익숙해진 또 하나의 과학기술이 바로 PCR이다. Polymerase Chain Reaction(중합효소 연쇄반응)의 약자인 PCR은 코로나바이러스에 감염되었는지는 확인할 수 있는 가장 정확하고 신뢰할 만한 방법으로서, 팬데믹 초창기부터 확진자를 진단하고 추가 감염과 확산을 막는 데 결정적인 역할을 했다. 2020년 1월 20일 확진자가 국내에서 처음 확인되었을 당시에는 환자의 검체에서 바이러스를 검출하여 이미 알려진 6개의 코로나바이러스와 비교하는 방식으로 검사를 진행했다(pan-corona 검사). 그렇지만 이 방법은 24시간 이상 걸리는 번거로운 과정이었는데, 신종 바이러스의 유전정보가 밝혀진 직후 PCR을 활용하여 빠르게(6시간 이내) 검사하고 진단하는 방식이 2월 초부터 전국적으로 도입되었다. 이 새로운 진단 방법으로 인해 정부는 코로나19 확진자를 빠르게 확인하고 전국적으로 퍼지는 것을 사전에 막을 수 있었다. 지난 수년 동안 약간의 의심 증상만 있어도 선별진료소 앞에 길게 줄 섰던 우리를 기다린 과학기술이 바로 PCR이었다.

이 글은 PCR이 우리 일상에 들어오게 된 역사를 언론 보도 중심으로 개괄하고, 코로나19 대유행 이전부터 환자를 검사하고 드러내는 기술로서 PCR의 위상이 커지는 과정을 살펴보고자 한다.

## PCR 발명과 작동원리, 그리고 혁신

PCR는 1983년 미국의 생화학자 캐
리 멀리스(Kary B. Mullis, 1944-2019)에 의
해 개발되었다. U.C. 버클리에서 생화
학으로 박사학위를 받고 캔자스 대학
교 의과대학 및 U.C. 샌프란시스코에
서 박사후과정을 보낸 멀리스는 생명
공학 회사인 Cetus Corporation에서
DNA 단편을 합성하는 연구를 진행하
고 있었다. PCR에 대한 아이디어는 우
연한 것이었는데, 그의 회고에 따르면,

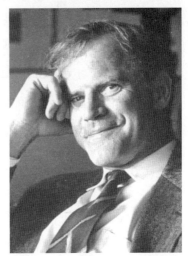

그림1. PCR을 개발한 공로로 1993년 노
벨상을 수상한 멀리스(출처: https://www.
nobelprize.org/prizes/chemistry/1993/
summary/)

"1983년 4월의 어느 금요일 밤, 캘리포니아 북부지역 삼나무가 가득한 시
골에서 달빛 비치는 산길을 꾸불꾸불 운전하다가" 갑자기 떠올랐다고 한
다. 그리고 멀리스는 "유전물질 DNA의 분자 하나에서 출발하여, 오후 내
내 1,000억 개의 똑같은 분자를 만들어낼 수 있다"고 설명했다.[*]

멀리스의 언급처럼 PCR은 아주 작은 DNA 단편을 엄청난 양으로 증폭
하는 기술이다. 더 구체적으로 말하자면, 검사나 연구에 사용할 DNA의 양

---

[*]   Mullis, K. "The unusual origin of the polymerase chain reaction," *Scientific American* 262:4
     (April 1990), pp. 56-65. 인용은 p.56.

이 아주 적더라도, 원하는 염기서열 부분을 정확하고 빠르게, 그리고 엄청난 양으로 늘리는 것이다. 최근에는 2시간 내에 원하는 양으로 증폭할 수 있을 정도로 발달했는데, 그만큼 의학이나 생명과학 분야에서는 없어서는 안 되는 핵심기술인 것이다. PCR의 가치는 1993년 노벨화학상 공동수상으로 이미 증명되었는데, 당시 노벨상위원회는 다음과 같이 그 중요성을 강조했다.

> 멀리스의 PCR 방법은 이미 많은 분야에 응용되고 있다. 예를 들어 간단한 장비를 이용해서 아주 복잡한 유전물질에서 얻은 특정 DNA 조각을 몇 시간에 수백만 배로 증폭하는 것이 가능한데, 이는 생화학 및 유전학 연구에서 매우 중요하다. 이 방법은 특히 의학적 진단을 함에 있어 새로운 가능성을 제시할 것이며, HIV 바이러스나 유전병을 일으키는 결함 유전자를 찾는 데 사용될 수도 있다. 연구자들은 화석에 PCR 방법을 적용해서 수백만 년 전에 멸종한 동물의 DNA를 만들어 낼 수도 있다.*

PCR을 통해 DNA를 증폭하기 위해서는, 그 양을 늘리고자 하는 DNA, 그리고 DNA의 특정한 염기서열 부위에 결합해서 DNA 합성의 출발점 역할을 하는 시발체(primer), DNA 중합효소(DNA polymerase), 마지막으

---

* "The Nobel Prize in Chemistry 1993," http://www.nobelprize.org/prizes/chemistry/1993/press-release (2022. 2. 24. 최종접속)

로 새로운 DNA를 합성할 때 재료로 이용되는 세 개의 인산이 결합된 dNTP(Deoxynucleotide triphosphate)가 필요하다. 이들을 섞은 반응액에서 PCR 은 총 세 단계로 진행된다. 첫 번째는 '변성(denatuaration)'인데, 94~96℃의 열을 가해주어 DNA 이중나선의 수소 결합을 끊어주고 두 개의 단일 가닥 DNA를 만들어준다. 두 번째 단계는 '결합(annealing)'인데, 온도를 50~64℃ 로 낮추면 시발체와 DNA 중합효소가 단일 가닥 DNA의 특정 염기서열 부위에 결합된다. 마지막 '연장(elongation)' 단계에서는 DNA 중합효소가 dNTP와 함께 단일 가닥 DNA 염기서열과 상보적인(complementary) 새로 운 DNA 가닥을 합성해 나간다. 이 세 단계를 PCR의 한 사이클(cylce)로 간 주하는데, 첫 번째 사이클이 끝나면 하나의 DNA로부터 두 개의 동일한 DNA가 만들어진다. 그리고 다시 94~96℃로 온도를 높이면 두 번째 변성 이 일어나면서 새로운 사이클이 시작되는데, 또 한 번의 사이클이 끝나면 이번에는 4개의 DNA가 만들어진다. 결국 n번의 사이클(변성-결합-연장)이 종 료될 때마다 똑같은 DNA가 $2^n$ 개씩 늘어나게 되는데, 가령 10번째 사이클 이 끝나면 처음 하나의 DNA가 1,024($2^{10}$)개로 늘어나는 셈이다. 보통 20~40 회 정도의 사이클을 반복하는데, 이것이 DNA를 정확하고 빠르게, 그리고 엄청난 양으로 증폭하는 PCR의 작동 원리이다.

특정 염기서열의 DNA를 필요한 만큼 증폭하는 PCR 기술은, 팬데믹 이 유행한 지난 수년 동안 그 위력을 과시했다. 코로나19 유증상자의 목 이나 코에서 얻은 시료(검체)에서 소량의 RNA를 분리한 후, 신종 코로나 바이러스의 특정 유전정보와 일치하는 염기서열의 DNA를 가지는지 RT-

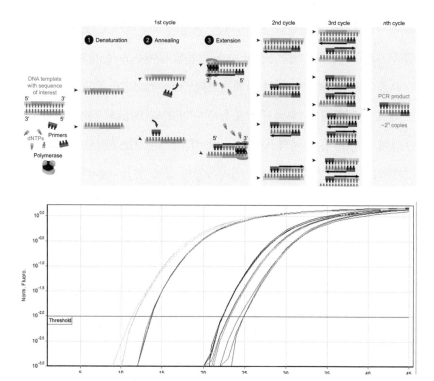

그림2. PCR의 작동원리 및 qPCR 결과를 보여주는 그래프
(출처: Enzoklop CC BY-SA 4.0, https://en.wikipedia.org/wiki/Polymerase_chain_reaction#/media/
File:Polymerase_chain_reaction-en.svg
Zuzanna K. Filutowska, CC BY-SA 3.0, https://en.wikipedia.org/wiki/Real-time_polymerase_chain_
reaction#/media/File:Qpcr-cycling.png)

PCR(reverse transcription PCR)을 통해 빠르게 확인하는 것이었다. PCR을 통해 검체의 RNA를 DNA로 역전사하고 이를 증폭하여, SARS-Corona2 바이러스와 동일한 DNA가 확인되면 검체에 바이러스 RNA가 있다는 뜻이므로 '양성', 그렇지 않으면 '음성'으로 판단하는 것이다. 이런 PCR 검사를 통해 확진자를 진단하고 격리하여 추가적인 확산을 막을 수 있었다.

코로나19 대유행 이전에도 PCR은 생명과학과 의학 분야에서 유전자를 연구하거나 또 다른 전염병을 예방하는 데 필수적인 기술이었고, 나아가 법의학이나 고고학과 같은 분야에서도 활발하게 이용되어 왔다. 예를 들어 2007년 처음 유행하여 국내에서 환자가 발생한 바 있는 지카 바이러스 감염증을 예방하기 위해, 이 바이러스를 매개하는 이집트숲모기의 DNA를 PCR로 증폭하여 바이러스 RNA가 얼마나 포함되어 있는지를 확인하거나, 범죄 현장에서 채집한 소량의 DNA 증거를 PCR로 증폭하여 범인의 신상을 확인하는 DNA 프로파일링을 하는 방식이다. 혹은 고대 유적이나 유물에서 채집된 시료 중 소량의 DNA를 추출하고 PCR로 증폭하여 인류의 역사를 살피기도 한다. 최근에는 증폭될 유전자에 형광물질을 붙여 PCR이 진행되는 동안 형광의 정량적 변화를 확인하고 원래 DNA의 양을 측정하는 PCR(Real-Time PCR 혹은 qPCR)이 이용되고 있다. 우리나라의 경우, 코로나19 유행 초기였던 2020년 2월부터 '실시간 PCR' 방법을 도입하여, 코로나바이러스 RNA가 유증상자의 검체에 존재하는지를 실시간으로 확인하고 진단할 수 있는 방법을 개발하여 국제적으로 주목을 받기도 했다.

노벨화학상 수상 소식에 실린 것처럼 10여 년이 짧은 기간 동안 PCR이 생명과학뿐만 아니라 여러 분야에서 널리 활용되기 위해서는, 한 가지 난제를 풀어야 했는데 바로 DNA 중합효소였다. 시발체에 붙어 새로운 DNA를 합성하는 DNA 중합효소는 '변성-결합-연장'의 각 단계에서 50~64℃, 94~96℃의 온도 변화를 견딜 수 있어야 했기 때문이다. 초창기 PCR에 사용된 DNA 중합효소는 덴마크 생화학자 클레노우(Hans Klenow) 박사가 1970년 대장균에서 분리한 '클레노우' 중합효소였다. 이 효소는 DNA 가닥의 염기서열을 읽어나가면서 상보적인 염기서열을 붙여 가는 효소인데, 열에 약하다는 단점이 있었다. 따라서 PCR의 변성이나 연장의 단계에서 94℃ 이상 열을 가하면 클레노우 중합효소는 변형되어 그 활성이 떨어지기 일쑤였고, 지속적인 DNA 증폭을 위해서는 하나의 사이클이 끝날 때마다 이 효소를 계속 추가해야 하는 번거로움이 있었다.

이런 어려움을 해결한 것이 바로 *Taq* DNA 중합효소였다. 미국의 신시내티 대학교 존 트렐라(John Trela)가 1976년 발견한 이 효소는, 20~45℃의 환경에서 살아가는 중온균(mesophile)과는 달리, 온천이나 열수분출공에서 사는 세균 *Thermus aquaticus*의 DNA를 합성하는 효소이다. 이 효소는 80℃에서 가장 최적의 활성을 보였기 때문에, PCR의 변성이나 연장 단계의 온도에서도 충분히 견디며 DNA 합성을 진행할 수 있었고, 새로운 사이클이 시작될 때에도 추가할 필요도 없었다. 예전 클레노우 중합효소에서 비해 훨씬 더 지속가능하고 효율적인, 따라서 PCR 연구의 비약적인 발전에 기여했기에, 이 효소는 *Science*가 1989년 처음 선정하기 시작한 '올해의

분자'(the Molecule of the Year)에 뽑히는 영광을 얻었다.* 그리고 1991년에는 이 *Taq* DNA 중합효소의 유전자를 대장균에서 대량으로 클로닝하는 방법이 한국과학기술연구원(KIST) 연구팀에 의해 개발되어 주목을 받기도 했다.**

## PCR 검사의 도입

PCR이 국내 언론에서 처음 언급된 것은 1989년 즈음인데, 외국에서도 막 활용되기 시작한 첨단 진단기술 PCR은 잘못된 정보와 과장된 기대를 안고 국내에 소개되었다. 예를 들어 1989년 5월 7일자《조선일보》는 스웨덴 카롤린스카 대학의 린드스텐 교수가 "유전자를 이용한 질병진단법"란 제목으로 한국과학기술원(현재 한국과학기술연구원의 전신)에서 강연한 내용을 실었다. 이 기사에 따르면 RFLP(Restriction Fragment Length Polymorphism)과 PCR 두 가지 방법으로 유전자와 관련된 질병을 확인할 수 있다는 것이다.

---

\*    Saiki RK, Gelfand DH, Stoffel S, Scharf SJ, Higuchi R, Horn GT, et al. (January 1988). "Primer-directed enzymatic amplification of DNA with a thermostable DNA polymerase". *Science.* 239 (4839): 487-91; Ruth Levy Guyer and Daniel E. Koshland, "The Molecule of Year," *Science New Series* vol. 246, no. 4937 (Dec. 22, 1989), pp. 1543-1546, 특히 p.1543.

\*\*   Suk-Tae Kwon, Joong Su Kim, Jong Hoon Park, Sukhoon Koh and Dae-Sil Lee, "Enhanced Expression in Escherichia coli of Cloned Thermus aquaticus DNA Polymerase Gene by Optimized Distance between Shine-Dalgamo Sequence and ATG Codon," *Molecules and Cells* 1-3 (1991), pp. 369-375.

유전자진단법은 질병의 원인을 「과학적」으로 철저히 밝혀낼 수 있기 때문에 완벽한 진단이 가능하다. 또한 유전자 이상으로 병에 걸릴 확률이 높은 사람은 **유전자를 정상형태가 되도록 조작함으로써 완벽한 예방-치료 효과를 거둘 수 있다.**[*]

두 달 뒤《경향신문》도 '고분자연쇄반응'이라는 단어로 PCR을 소개하면서, 법의학 분야에서 범인을 식별하는 데에도 유용하지만, PCR의 1차적인 적용 분야는 면역학 분야가 될 것이라고 전망했다.

예컨대 사람 몸 속에 침투, 20년 이상 인체의 면역시스템에 발견되지 않고 잠복하는 악성 바이러스를 찾아내는 데 이용될 것으로 전망된다. 또 사람면역바이러스(HIV), B형 간염바이러스, 백혈병 바이러스를 쉽게 찾아낼 수 있으며 **이에 따라 환자가 각종 질환을 자각하기도 전에 치료를 가능케 할 것으로 기대된다.**[**]

질병과 관련된 특정 DNA를 증폭하여 감염 여부를 진단하는 기술임에도 불구하고, 강조된 인용문에서 확인할 수 있듯이, PCR은 '유전자 조작',

---

[*]  ""유전자 분석… 질병 진단 · 치료 가능" 과기원, 린드스텐 교수 초청 특강"《조선일보》(1989. 5. 7). 강조는 인용자.
[**] "유전자 검사로 암 등 조기발견"《경향신문》(1989. 7. 5). 강조는 인용자.

'완벽한 예방-치료'라는 장밋빛 전망과 함께 소개된 것이다.

정확하지 않은 정보 전달은 차치하더라도 언론 보도에 담긴 과장된 기대는 당시 후천성면역결핍증(AIDS)을 비롯한 감염병에 대한 우려 그리고 유전병을 사전에 확인하고 예방할 수 있으리라는 희망과 맞물린 것이었다. 특히 1981년 미국에서 처음 환자가 발견된 이래 '20세기의 흑사병', '현대판 나병'이라는 별칭을 얻은 AIDS에 대한 공포는 1985년 6월 국내에서 첫 외국인 환자가 확인되면서 정점에 달했다.* 게다가 당시 헐리우드 최고의 미남 배우로 각광받던 록 허드슨(Rock Hudson)이 10월 2일 AIDS로 사망했다는 외신을 앞다투어 전하면서, 언론은 "인류 최후의 역병"을 선정적으로 묘사했다. 가요 음원 차트처럼 각국의 환자 수를 그래프로 보여주는 기사도 심심찮게 등장했고, 1986년 11월 첫 내국인 환자가 발생한 데 이어 몇 달 뒤 첫 사망자가 나오면서 이제 우리나라도 안전지대가 아니라는 우려가 전해졌다. 이런 상황에서 정부는 1987년 봄 AIDS 감염을 예방할 수 있는 '특별법'을 제정하여, 5대 도시 유흥업소 종사자와 국내 장기체류 외국인들의 AIDS 검사를 의무화했다. 또한 예전부터 실시했던 외국에서 수입되거나 국내에서 유통되는 혈액에 대한 검사를 강화했다.

이때 사용된 검사법은 ELISA(Enzyme-Linked Immunosorbent Assay)로서, 항체-항원 반응을 이용하여 검사 시료 중에 포함된 항원의 양을 측정하는 방법

---

* "AIDS, 「공포의 병」 국내 발생", 《경향신문》 (1985. 6. 28.)

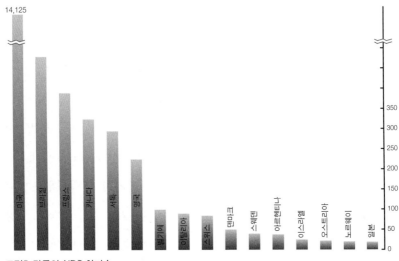

그림5. 각국의 AIDS 환자수

이었다. 즉 항체에 결합된 효소의 활성을 측정함으로써 항원의 양을 분석하는 것이었는데, 1만 원 정도의 비용이 들었지만 국립의료원과 대부분 대학병원, 종합병원에서 장비를 갖추고 검사를 실시하고 있었다. 그렇지만 이 방법의 한계는 항원인 바이러스가 인체에 침입하여 항체를 만드는 데까지 시간이 걸리기 때문에 신속하게 진단하기 어렵다는 것이었다. 외국에서 수입된 혈액제제를 투약한 혈우병 환자 어린이가 AIDS에 감염된 사례나, 항체가 형성되는 데 3년 이상이 시간이 걸리기 때문에 검사가 정확하지 않을 수도 있다는 우려가 계속 제기된 것도 이 때문이었다.

이런 상황에서 소개된 PCR은 기존 항원-항체 검사법을 보완하고 정확

하게 AIDS 감염을 확인할 수 있는 방법으로 주목받았다. 특히 아직 항체
가 생기지 않은 초기 감염자의 장기를 이식받았다가 AIDS에 감염된 미국
사례는 새로운 검사법의 필요성을 더욱 부각시켰다.

　　의학계 일부에서는 이러한 사고는 감염 검사 방법을 쇄신하지 않는 한 계
　　속될 것이라며 PCR라는 HIV의 유전인자를 발견해낼 수 있는 새로운 검사
　　방법을 도입해야 한다고 주장한다. 그러나 이 방법은 아직 비용이 너무 많
　　이 들고 검사속도에 문제가 있어 미국의 학계조차 쉽사리 엄두를 내지 못하
　　고 있는 실정이다.*

　그리고 AIDS뿐 아니라 간염, 장티푸스, 결핵 등 국내에 만연한 감염병
을 정확하게 진단하는 데에도 PCR의 효용은 점점 인정받기 시작했다.
　이와 함께 1980년대 유전공학의 열풍을 타고 다양한 유전병을 미리 확
인할 가능성이 제기되면서, PCR은 이를 실현하는 가장 유효한 도구로도
소개되었다. 1990년 영국에서 처음으로 '착상전 유전자 진단(Preimplantatin
Genetic Diagnosis, PGD)'을 거친 아이가 태어난 이래, 국내에서도 1994년 제일
병원과 차병원에서 PGD에 성공했다는 보도가 나왔다. 이미 임신 초기 태
아의 성별이나 기형아 여부를 판단하는 방법으로 간간이 소개된 PCR은,

---

* "미, AIDS 검사 신뢰 공방", 《경향신문》 (1991. 5. 20.)

이제 착상 전부터 출산까지 임신의 전 단계에서 유전자를 검사하여 여러 유전병을 사전에 정확히 진단하는 새로운 기술로 묘사되었다. X 염색체의 결함으로 정신박약 증상을 보이게 되는 '프래자일X증후군'을 출산 전에 PCR로 확인하는 방법이 제일병원 연구팀에서 개발되었고, 차병원 연구팀에서는 PGD와 PCR을 통해 진행성 근육약화 유전병인 '듀센근위축증' 유전자를 탐색하는 방법을 개발했다.

이처럼 초창기 PCR은 AIDS, 결핵, 간염, 장티푸스와 같은 감염병을 미리 진단하거나 산전에 유전병을 확인할 수 있는 첨단기술로서 언론에 묘사되었다. 구체적인 원리나 향후 발전 전망, 기술적 한계 등이 자세히 언급된 적은 없지만, 인간의 질병뿐 아니라 GMO나 동물 감염병을 진단하는 데 활용되었다는 보도가 간간이 이어졌다.


## 전염병 유행과 PCR 검사

PCR이 다시 한번 언론에서 대대적으로 다뤄진 것은 2003년 4월 중증급성호흡기증후군(SARS)가 국내에서 유행하기 시작한 때였다. SARS는 2002년 말 중국에서 처음 확진자가 발생하면서 아시아를 중심으로 전 세계에 확산되기 시작했고, 국내에서는 '괴질'이라는 시대착오적인 이름으로 알려지면서 공포심을 불러일으켰다. 2003년 4월 4일 국내를 경유한 대만인이 SARS에 확진되었다는 소식, 그 비행기에 탑승했던 여행객들은 음성이라는 뉴스, 그리고 17일 국내에서 의심 환자가 발생했다는 소식들이 연달아 전해졌다. 그리고 알려지지 않은 새로운 변종 바이러스 전염병이면서 감염경로조차 불분명했기 때문에 전 세계를 공포에 빠뜨린 SARS를 진단할 수 있는 방편으로 PCR이 다시 언급되었다.

그런데 흥미로운 것은 SARS 감염 여부를 확인하는 기술로 PCR이 전폭적인 신뢰를 받지 못했다는 점이다. 당시 WHO의 방침과 이를 참고한 국립보건원의 초창기 지침에 따르면, SARS 의심환자를 진단하는 데에는 세 가지 기준이 공존했다. 하나는 의심 환자의 가검물에서 바이러스 RNA를 검출하여 PCR로 증폭했을 때 일정 비율 이상의 똑같은 RNA가 나오거나, 두 번째는 의심 환자의 가검물에서 바이러스를 배양하고 분리하여 변종 코로나바이러스를 확인하거나, 세 번째 항원-항체 검사 결과였다. 그런데 이 세 가지 기준 중 PCR은 가장 후순위였다. 다시 말해 PCR로 양성에 해당하는 결과가 나왔더라도, 변종 코로나바이러스가 분리되지 않거나 항원-항체 검사 결과와 일치하지 않으면 SARS 확진자로 간주하지 않는다는 것이었다.

그 이유 중 하나는 PCR이 다른 질병을 진단하는 데에는 상당히 높은 정확도를 보이지만, 아주 새로운 변종 바이러스를 진단하기에는 아직 기술적으로 충분하지 않다는 점이었다.


PCR 검사를 믿을 수 있나

▲ WHO에 자문을 구한 결과 "사스 진단은 오로지 임상적 증상과 여행지

등에 의해서만 한다"는 답을 얻었으며, 미국 질병관리청(CDC)에서는 "PCR 검사를 가지고 사스 진단에 어떤 지침으로도 사용해서는 안된다"는 회신을 받았다. CDC는 PCR이 위(僞)양성이 나타날 가능성이 있으므로 환자의 가검물에서 변종 코로나바이러스를 분리해내거나 항원-항체 검사법으로 확인해야 한다고 밝혔다. 현재로서는 PCR 검사결과 양성반응이 나타났다고 해서 그 검사가 틀린 건지 맞는 것인지 알 수 없으며, 어떤 예단도 할 수 없다.*

당시 PCR에 사용된 검사법은 독일에서 개발된 지 1주일밖에 되지 않은 것이었는데, 신뢰할 만한 수준의 데이터가 축적되지 않았기에 그 결과도 믿을 수 없다는 것이었다. 따라서 SARS 의심 환자를 관리하는 데 참고할 수 있지만, 바이러스 검출과 폐렴 증상, 항원 확인이라는 다른 기준에 부합되지 않으면 확진자로 분류하지 않겠다는 것이었다.

게다가 전문가들조차 WHO와 국립보건원이 제시한 이 기준에 대해 서로 다른 의견을 제시했다. 변종 코로나바이러스에 감염되었다 하더라도 즉 PCR을 통해 양성반응이 나왔다 하더라도, 가벼운(mild) 증상을 보이거나 아예 증상을 보이지 않을 수도 있는데, "중증"급성호흡기증군 환자로 분류하는 것이 타당하냐는 논란이었다. 새로운 전염병을 확인하는 것뿐만 아니라 확산을 막기 위한 검역, 격리, 치료까지 포괄해야 하는 공중보건 정

---

* "〈국립보건원 김문식 원장 일문일답〉",《연합뉴스》(2003. 4. 17.)

책 결정 과정에서, 새로운 진단기술 PCR은 확실한 우위를 점하기는 어려웠다.

그렇지만 5월 초 WHO가 PCR과 바이러스 분리배양 검사법 중 하나만으로도 SARS 감염을 확진할 수 있다고 기준을 변경하고 국내 보건당국도 이를 수용하면서, PCR의 지위는 달라졌다. WHO가 기준을 바꾼 이유는 확실하지 않지만, SARS 발생 후 어느 정도 시간이 흐르면서 변종 바이러스의 유전정보가 축적되고 이를 진단할 수 있는 기법들이 발전했기 때문에, PCR 결과의 공신력이 높아진 것으로 보인다. 특히 독일보다 4배 정도 정밀한 분석을 할 수 있다고 알려진 미국의 PCR 진단키트가 출시되고 국립보건원도 이를 이용하기로 하면서, PCR 검사의 정확도에 대한 우려가 어느 정도 해소되었다. 게다가 바이러스 분리배양이나 항원-항체 검사는 결과가 나오는 데까지 시간이 오래 걸려 실제로 전염병 확산에 즉각 대응하는 데 곤란하다는 지적이 있던 터에, 그나마 5일 정도 걸리는 PCR 검사가 유용할 것이라는 주장도 PCR에 힘을 실어 주었다.

진단기술로서 PCR이 다른 기법들에 대해 확실한 비교우위를 갖게 된 것은 2009년 소위 '신종플루'의 대유행 즈음이었다. 3월 미국에서 시작된 신종플루는 멕시코를 거쳐 유럽, 아시아 지역으로 확산되었고 국내에는 5월 초부터 의심 환자가 보고되었다. SARS의 악몽을 떠올린 정부 당국은 초창기부터 무료로 PCR(RT-PCR) 검사를 실시했으나, 여름 이후 확산세가 수그러들지 않자 전국 병의원에서 조금 더 간단한 PCR 검사를 진행하도록 조치했다. 그런데 문제는 의심할 만한 증상을 가진 사람들이 감염 여부를 확인하기 위해 검사받는 PCR 비용이 너무 비싸다는 것이었다. 간단한 PCR 검사를 받는 데 7~8만 원, RT-PCR 검사를 받는 비용은 최대 18만 원이었다. 단순하게 감염에 대한 의심을 해소하기에는 너무 비싸다는 비판이 제기되었고, 그나마 보험적용을 받기 위해서는 고위험군(37.8°C 이상의 고열, 65세 이상이거나 임산부 등)에 포함되어야 했다. 이런 상황에서 시민들은 그나마 저렴한 2~3만 원대의 인플루엔자 신속항원검사를 받았다. 그렇지만 이 검사는 항원 단백질 검출 여부에 따라 양성-음성 판정으로 판단하는데, 민감도(양성을 양성으로 판단하는 비율)가 50~60%밖에 되지 않았다. 다시 말해 PCR보다 검사 결과의 정확도가 낮았고, 따라서 인플루엔자 확진 검사로 인정받지는 못했다. SARS 당시 정확도와 검사 시간 , 비용 등을 둘러싸고 서로 경합했던 두 진단기술인 신속항원검사와 PCR의 무게추가, 신종플루를 겪으면서 한쪽으로 기울어진 것이다.

## 환자를 드러내는 기술들의 경합

코로나19가 유행한 지난 몇 년 동안 바이러스 감염 여부를 확인하기 위해서, 다시 말해 본인이 환자인지를 알기 위해서 다양한 방법이 동원되었다. 가장 간단하게는 약국에서 진단키트를 구입해서 집에서 스스로 항체-항원 검사를 하는 것이고, 그 결과가 미심쩍으면 병원을 방문하여 의료진을 도움으로 신속항원검사를 받았다. 그리고 이런 항체-항원검사보다 더욱 정확한 진단법으로 인정받은 것이 PCR 검사였다. 검사 방법, 장소, 비용, 편의성이나 정확도에서 각각 장단점이 있지만, 지난 몇 년 동안 코로나 환자를 드러내는 가장 권위있는 방법으로 PCR은 확실히 자리매김했다.

그렇지만 PCR이 처음부터 코로나19와 같은 전염병 환자를 진단하는 확실한 방법으로 인정받은 것은 아니었다. 1980년대 말 국내에서 처음 소개된 PCR은 전염병 감염보다는 AIDS와 같은 '공포의 질병'이나 유전병을 진단하는 기술로 묘사되었다. 당시 기술 수준에서 항체-항원검사의 시간이 많이 소요되고 정확도가 떨어지는 단점이 종종 보도되었기에, 이를 보완 혹은 대체할 기술로 PCR이 주목받은 것이었다. 그리고 소위 유전공학 붐의 시대에서 가장 최근에 등장한 유전자 검사 기술이기에, 구체적인 원리나 향후 전망보다는 장밋빛 미래를 보증하는 것으로 그려졌다.

그러다가 2000년대 들어 SARS(2003)와 신종플루(2009)가 대대적으로 유행하면서 전염병 환자를 확진하는 기술 중 하나로 PCR이 또다시 언론에 등장했다. 하지만 지금 우리에게 익숙한 용법으로 묘사되었음에도 불구하고, 여타의 진단법보다 월등히 우월한 지위를 누리지는 못했다. 전염병 환자임을 드러내기에는 PCR을 포함한 여러 검사의 결과가 임상적 증상보다 더 믿기 어렵다는 관념이 여전했고, 나아가 PCR은 전통적인 바이러스 배양법이나 항체-항원검사를 보조하는 기술로 묘사되었다. 그렇지만 PCR 기술이 더욱 발전하면서 전염병을 진단하는 국제적인 기준이 바뀌었고, 비용 측면의 불리함을 더 높은 정확도로 극복하면서 PCR은 점차 환자를 확진하는 검사법으로서 인정받게 되었다.

## 환자는 나의 스승이다 / 이은영

이광수.『사랑』. 하서. 2008.
이은영.「불교 의료윤리-의사, 간병인, 환자 윤리를 중심으로」.『동아시아불교문화』49.
　　2022.
전재성 역주.『비나야삐따까』. 한국빠알리성전협회. 2020.
한승원.『아제아제바라아제』(개정판). 문이당. 2003.
한용운.「박명」.『한용운전집』6. 불교문화연구원. 2006.
『우바새계경(優婆塞戒經). 대정신수대장경 24권.
『반야바라밀다심경』. 대정신수대장경 8권.


## 그들은 어떻게 정신질환자가 되었는가 / 박성호

김양진 외.『의료문학의 현황과 과제』. 모시는사람들. 2020.
박성호·박성표.『예나 지금이나』. 그린비. 2016.
박성호·최성민.『화병의 인문학-근현대편』. 모시는사람들. 2020.
전광용 편.『신소설전집』. 을유문화사. 1968.
《매일신보》
《황성신문》


## 병원, 환자, 그리고 경계 / 공혜정

Board of Administrator of Charity Hospital. *Report of the Board of Administrator of the Charity Hospital*. New Orleans: Printed at the Office of the "Bee," 1842-3, 1844, 1847, 1848-9, 1850-1, 1852, 1854, 1857, 1858, 1859, 1860, 1870.
Campanella, Richard. *Bienville's Dilemma: A Historical Geography of New Orleans*.

Lafayette, Louisiana: Center for Louisiana Studies, University of Louisiana, 2008.

Duffy, John. *The Rudolph Matas History of Medicine in Louisiana*, 2 vols. Baton Rouge: Louisiana State University Press, 1958, 1962.

Fett, Shala. *Working Cures: Healing, Health, and Power on Southern Slave Plantations*. Chapel Hill: University of North Carolina Press, 2002.

Kong, Hyejung Grace, and Ock-Joo Kim. "If I Only Touch Her Cloak: The Sisters of Charity of St. Joseph in New Orleans' Charity Hospital, 1834-1860." 『의사학』 24-1. 2015.

Kong, Hyejung Grace. "Living and Dying in a New Orleans's Charity Hospital Sick Chamber during the Antebellum Period." 『세계 역사와 문화 연구』 54. 2020.

Kong, Hyejung Grace. "The Hospital as a Space of Heterogeneity: Revisiting Charity Hospital in Antebellum New Orleans, Louisiana." 서울대학교 박사학위 논문. 2016.

McCloud, Moses D. "Hints on the Medical Treatment of Negroes." M.D. Thesis, Medical College of the State of South Carolina. 1850.

Priest, Josiah. *Bible Defence of Slavery, 6th ed.* Glasgow, Kentucy: W. S. Brown, 1852.

Salvaggio, John. *New Orleans's Charity Hospital: A Story of Physicians, Politics, and Poverty*. Baton Rouge: Louisiana State University Press, 1992.

Simonds, John C. "Article XI. Report on the New Orleans Charity Hospital." *Southern Medical Report* 2, 1851.

*New Orleans Medical and Surgical Journal*.

*New Orleans Medical News and Hospital Gazette*.


## 정신질환과 자살, 개인과 사회의 이중구조적 시선 / 이향아

강준혁. 「심리적 부검 연구에 관한 논고: 한국 심리적 부검 연구방법에 대한 비판적 검토」. 『보건사회연구』 35-2. 2014.

김재형 · 이향아. 「의료사회학의 연구동향과 전망: 개념의 전개와 의료사와의 접점을 중심으로」. 『의사학』 29-3. 2020.

뒤르케임 · 에밀. 황보종우 · 이시형 역. 『자살론』. 청아출판사. 2008.

정승화. 「비관자살의 퇴조와 자살의 의료화 경향: 자살 통계분류의 역사를 통해 본 자살의 문화적 의미 변화」. 『경제와 사회』. 2019.12.

Conrad, Peter and Joseph Schneider. *Deviance and medicalization: from badness to sickness*. Philadephia: Temple university Press. 1980.


전염병의 시대 환자의 경계 / 정세권

김준혁,「방역과 인권: 보편주의와 상대주의를 넘어」,『생명, 윤리와 정책』제5권 제1호, 2021.
류현숙,「미래위험을 둘러싼 위험인식과 대국민 소통: 코로나19 사례를 중심으로」,『Future Horizon』45, 2020.
명숙,「재난전체주의사회로 가지 않기 위해」,『진보평론』84, 2020.
박상혁,「시민의 자유와 공중보건윤리: 공리주의, 생명의료윤리, 자유주의 등」,『윤리학』제9권 제2호, 2020.
손애리, 최명일, 이혜규, 김대욱, 한숙정, 장사랑, 윤난희, 최영준, 김인영,「COVID-19: 대한민국의 사례와 경험 - 보건커뮤니케이션과 위기관리 관점에서」,『한국국제협력단 연구보고서』2020.
신예림, 서혜린, 이서현, 장윤서, 김혜경,「COVID-19 팬데믹 대응을 위한 정부의 위험 커뮤니케이션 현황 및 향후 정책의 방향성 고찰」,『보건교육건강증진학회지』제38권 제4호, 2021.
유기훈, 김도균, 김옥주,「코로나19 공중보건 위기 상황에서의 자유권 제한에 대한 '해악의 원리'의 적용과 확장 - 2020년 3월 개정『감염병의 예방 및 관리에 관한 법률』을 중심으로」,『의료법학』제21권 제2호, 2020.
이경도,「코비드19 백신 개발을 위한 인간 도전 시험의 윤리: Nir Eyal의 논변을 중심으로」, Asia Pacific Journal of Health Law & Ethics 13-3, 2020.
질병관리본부,『공중보건 위험소통 표준운영절차(SOP)』(2nd edition), 2018.
Eyal, Nir, Marc Lipsitch, Peter G. Smith, "Human Challenge Studies to Accelerate Coronavirus Vaccine Licensure," Journal of Infectious Disease vol. 221, no. 11 (2020. 6. 1).
Sivakorn, Chaisith al., "Case Report: Walking Pneumonia in Novel Coronavirus Diseaes(Covid-19): Mild Symptoms with Marked Abnormality on Chest Imaging," American Journal of Tropical Medicine and Hygiene 102(5) (2020).

## 오래된 질병과 새로운 환자 / 공혜정

윤선길 · 정기현 역. Erving Goffman. 『스티그마: 장애의 세계와 사회적응』. 한신대학교 출판부. 2009.

Denney, O. E. "Special Article: The Leprosy Problem in the United States." *Public Health Report* 41-20. 1926.

Elliot, David C. "Leprosy, a Disease of Childhood, with Special Reference to Early Findings in Eye, Ear, Nose, and Throat of Children Examined at the National Leprosarium at Carville." *Journal of Pediatrics* 35-2. 1949.

Faget, Guy H. "The Story of the National Leprosarium: The United States Marine Hospital, Carville, Louisiana." *Public Health Reports* 61-52. 1946.

Martin, Betty. *Miracle at Carville*. New York: Doubleday, 1950.

Moran, Michelle. *Colonizing Leprosy: Imperialism and the Politics of Public Health in the United States*. Chapel Hill: University of North Carolina Press, 2007.

Moschella, Samuel L. "Carville: 100 Years of Excellence." *Journal of American Academic Dermatology* 36. 1997.

Stein, Stanley, with Lawrence G. Blochman and Forward by Perry Burgess. *Alone No Longer: The Story of a Man Who Refused to Be One of the Living Dead!*. New York: Funk & Wagnalls Company, Inc., 1963.

*The Star*.

## 치료에서 돌봄으로 / 박성호

『이광수 전집』. 삼중당. 1964.

박성호. 「한국근대소설 속 신경쇠약과 결핵의 인접 관계에 대한 인식의 형성과 구체화 - 1910년대 신소설과 번안소설을 중심으로」. 『Journal of Korean Culture』 58. 한국어문학국제학술포럼. 2022.8.

이병훈. 「이광수의 『사랑』과 일제시대 근대병원의 역사적 기록」. 『의사학』 25-3. 대한의사학회. 2016.12.

전광용 편. 『신소설 전집』. 을유문화사. 1968.

《경성일보》

《매일신보》
《부산일보》
《황성신문》


## 불교 승원에서는 환자를 어떻게 치료했나 / 이은영 · 양영순

전재성 역주. 『비나야삐따까』. 한국빠알리성전협회. 2020.
김귀연(불림). 「의왕 붓다의 주치의였던 지바까에 대한 현대적 고찰」. 『밀교학보』 20.
 2019.
이은영 · 양영순. 「인도 불교 승원의 질병과 치료-마하박가(Mahāvagga)를 중심으로」.
 『인도철학』 65. 2022.
공만식. 『불교음식학-음식과 욕망』. 불광출판사. 2018.
Salguero, C. Pierce, "The Buddhist Medicine King in Literary Context: Reconsidering an
 Early Medieval Example of Indian influence on Chinese Medicine and Surgery,"
 *History of Religions 48* (2009).
Zysk, Kenneth G. *Asceticism and healing in ancient India: Medicine in the Buddhist
 monastery*, Delhi: Motilal Banarsidass(2nd ed.). 2021.


## 정신장애와 시설사회 / 이향아

구은정, 「저출산에 대한 인식지평 확장: 사적이고 친밀한 영역에서 향유하는/할 수 있는
 가치」, 『여성연구』 100(1), 한국여성정책연구원, 2019.
정진성 외, 『모성의 담론과 현실: 어머니의 성 · 삶 · 정체성』, 나남출판, 2019.
J.Coulehan, M.Block, 『의학면담』, 이정권 외 역, 한국의학, 1999.
Bruce Clarke · Manuela Rossini edit., *The Cambridge Companion to Literature and the
 Posthuman*, Cambridge University Press, 2016.
Terry James S,, Williams Peter C., "Literature and Bioethics: The Tension in Goals and
 Styles", *Literature and Medicine*, Volume 7, Johns Hopkins University Press, 1988.

환자는 어떻게 드러나는가? / 정세권

김석관 외, "한국 바이오벤처 20년: 역사, 현황, 발전과제," 과학기술정책연구원 [정책연구]
    13-29, (2013. 12. 31).
Mullis, K. "The unusual origin of the polymerase chain reaction," *Scientific American*
    262:4 (April 1990).
Saiki RK, Gelfand DH, Stoffel S, Scharf SJ, Higuchi R, Horn GT, et al. (January 1988).
    "Primer-directed enzymatic amplification of DNA with a thermostable DNA
    polymerase". *Science.* 239 (4839): 487-91.
《한국일보》
《조선일보》
《동아일보》
《경향신문》

경희대학교 인문학연구원 / HK+통합의료인문학연구단 / 통합의료인문학 교양총서04

# 환자란 무엇인가

등록 1994.7.1 제1-1071
1쇄 발행 2023년 2월 1일

기  획  경희대학교 인문학연구원 HK+통합의료인문학연구단
지은이  공혜정 박성호 양영순 이은영 이향아 정세권
펴낸이  박길수
편집장  소경희
편  집  조영준
관  리  위현정
디자인  이주향
펴낸곳  도서출판 모시는사람들
      03147 서울시 종로구 삼일대로 457(경운동 수운회관) 1207호
전  화  02-735-7173, 02-737-7173 / 팩스 02-730-7173

인  쇄  (주)성광인쇄(031-942-4814)
배  본  문화유통북스(031-937-6100)
홈페이지  http://www.mosinsaram.com/

값은 뒤표지에 있습니다.
ISBN  979-11-6629-154-8    04000
세트  979-11-88765-83-6    04000

이 저서는 2019년 대한민국 교육부와 한국연구재단의 지원을 받아 수행된 연구임
NRF-2019S1A6A3A04058286